93歳でわかったこと

ひとり暮らしで元気に生き抜くための本

細井恵美子

社会福祉法人楽慈会『山城ぬくもりの里』勤務

興陽館

はじめに
歳をとってわかった大事なこと

93歳になってわかったことのひとつは、時間の流れはだれにも止められないということです。

いつのまにか、わたしは80代になり、90代になりました。
いまは100歳を目指して、いまなお働いています。
人生は本当に短いです。あっというまに過ぎていきます。
もうそんな歳になるのかと自分のことながら驚いています。
そして、この歳になってわかってきたこともたくさんあります。
わたしはいつからか、ひとり暮らしをしながら働いてきました。

自分らしくひとりで生き抜いてきました。

仕事をはじめてから70年もたちました。

なぜ90歳を超えてもいまなお働き続けられるのか。

いつまでも現役でいるためには、**小さな積み重ねが大事だ**ということもこの歳になってわかるようになりました。


ご挨拶が遅れました。

はじめまして、わたしは細井恵美子と申します。

いまも介護現場に足を運んで働いています。

京都府木津川市にある社会福祉法人楽慈会山城ぬくもりの里がわたしの仕事場です。この施設は、特別養護老人ホームをはじめ、短期入所、通所サービス、ケアハウス、グループホーム、小規模多機能型居宅介護を運営し、木津川市の地域包括支援センターの委託を受けています。

山城ぬくもりの里の特養の利用者様の平均介護度4・3、平均年齢87歳で、わたしより若い方がたくさんおられます。

実はわたしは、去年2回、転倒しました。

救急外来では骨折はないと診断されましたが、手首の痛みが続き2週間後に受診しました。手首の骨折が認められ、今も痛みが続いています。

転倒するまで週3日働いていましたが、現在は週1日にしています。

細く長く働かせていただけたらと考えています。

朝、施設に着くと、

「お元気ですか」

お一人お一人に声をかけるように心がけています。

そうするとみなさん笑顔を見せてくださいます。

元気に挨拶してくださる人、黙って笑顔で答えてくださる人、一人一人表情が違います。

みなさんの声や笑顔に出会うたびに、わたし自身元気をいただいています。

「お元気ですか」

この挨拶は、わたしが自分自身を励ますためのことばでもあります。

「お元気ですか」

そして、

「今日も一緒に頑張りましょう」と。

わたしが93歳になっても働き続ける理由、それは、93歳のわたしの働く姿を見て、皆さんが少しでも元気になっていただけるのではないかと思うからです。

また、わたし自身も、たくさんの笑顔に出会えるという喜びもあります。

そこには、お金や物に代えられない大切な「人としての思い」があるからだと思っています。

挨拶をしても、時には黙っている人もいらっしゃいますが、体調やご機嫌によって、またその日によって、人によって、受けとめ方や喜び方はそれぞれです。

誰もが年をとっていきます。
時間の流れは誰にも止めることはできません。
人は毎日、一日ずつ老いていくのですから。
昨日できたことが今日できなくなることもあります。
それでも、自分らしく自分ができることをやり続けたいと思っています。
わたし自身そのように、最後まで生きていきたい。
生き抜きたい、と思っています。

働き続けた70年あまり、いつか働くことをやめる日は訪れます。
もう限界かもしれません。
それでも、それまでは頑張りたいと思っています。

施設のみなさんとともに、生涯、わたしらしく自分らしく生きていきたい。同時に、みなさんにも、ご自分らしく生き抜いてほしいと思っています。わたしは今日も元気に仕事をしています。

人は誰かから、なんらかの影響を受けて自分の道を選ぶのだと思います。わたし自身がそうでした。

職業だけでなく、考え方や生き方についても、家族や教師やあるいは多くの人から学んできました。

まわりの人たちのすばらしいおこないや、その豊かな人間性からたくさんのことを教わりながらここまで生きてきました。

わたしはいま93歳、ごく普通に生きています。

今も、職場のみなさんや、友人、家族の優しさに支えられ、お蔭で心賑《にぎ》やかに、当たり前の暮らし、いえそれ以上に心豊かに暮らせていることに感謝しています。

普通に暮らすことが一番の幸せだと感じています。

この本ではわたしが93歳のいまになってわかったこと、元気でひとり暮らしを続けていくための心得、健康管理の仕方、患者さんとの心のふれあい、介護という仕事、それぞれの方の人生との出会いなどについて書かせていただきました。

本書から、生きるとはどういうことか、年をとって自分らしく生き抜くヒントを読みとっていただければうれしく思います。

93歳まで喜んで働き続けているエネルギーや、生きる上での前向きな姿勢をみなさまの明日への生き方に少しでもプラスしていただければうれしく思います。

『93歳でわかったこと　ひとり暮らしで元気に生き抜くための本』　目次

第二章

人間関係で幸せになれる

第三章　認知症を病む人

第四章
介護する人、される人

第五章　終いのときに寄り添う

第六章　93歳を生き抜いてきた

第一章

いつも元気なその秘訣

93歳、いまできることから新しい一歩を踏み出す

今日から、新しい一歩を踏み出しました。

こんなふうに書きだすと、きっと元気で溌溂としたわたしの様子を想像されるでしょう。

そうではないのです。

わたしは実は昨年9月の末に転倒し、数日は歩けるような状態ではなかったのです。

なにしろひとり暮らしをしています。

それでも買い物に出かけること以外、家の中でのことはほとんど自分で切り回

し、三度の食事も普段通り、下ごしらえから調理、後始末まですべて自分でやってきました。

心理的に落ち込むこともなく、友達に助けてもらいながら、なんとか頑張ることができました。

しかし、職場復帰だけは自信がなく、諦めなければと、ほぼ9割、心に決めていました。

それでも、3月のきりのいいところまでは職場に籍を置いてもらいたい。そんなことを考えていたとき、週1回でも顔を出してみたらと、施設長からお声をかけていただきました。

できるかどうかわからないけど、しばらくは続けてみることにしました。

仕事については続けるように決めたのですが、買い物が問題です。スーパーまで、片道1キロあります。93歳の体力で荷物を持って歩ける距離ではありません。

その都度タクシーももったいない、そう思っていたとき、職場の友人が、リサイクルショップに手ごろな手押しのシルバーカーがあったからと買ってきてくれました。

その瞬間、シルバーカーを押して歩く自分の姿が大きく浮かんできました。

いよいよ年寄りになったようで、抵抗がありました。とはいえ、いつまでも友達の世話になってもいられない。自分でできる方法があるなら、それを利用して自分で動ける状態を維持しなければと、覚悟を決めました。いよいよ、初めて買い物に出かけるその時がきました。思ったより人の目も気にならず、往復2キロの道をシルバーカーを押して帰ることができました。

買い物は合計9000円。1週間分の、とくに重い根菜類などを買い込みました。多くは葉物野菜や果物、魚、肉類などです。

店内はレジのカートを借りず、自分のシルバーカーにレジカゴを乗せて歩き、必要なものを歩きながらカゴに入れます。レジではそのカゴを店員さんが受け取って計算し、持ち帰る品物の整理棚まで運んでくれます。カゴから取り出し、自分のシルバーカーのカゴに収めて持ち帰るのですから、時間はかなり短縮されました。

帰宅して、シルバーカーから荷物を下ろし、キッチンまで運ぶ手間は変わりませんが、いままでになく沢山の買い物が一度にできたのには驚きました。

外見は気にしないでいい。

一歩踏み出せば、わたしにもまだまだできることがたくさんある、そんな自信が湧いてきました。

新しい一歩は、勇気を出してシルバーカーで買い物に出かけられたことです。

新しい一歩を踏み出せば、必ず新しい景色に出会うことができます。

年だからと甘えない
自分のことは自分でする

いろいろ気をつけていながら、２回も転んでしまいました。なにかあると、歳も考えないで急いだり慌てたり。「いそいでも役に立たないのだから、もう少し落ち着いて」と自分に言い聞かせてはいるのですが。

転んで不自由をしているわたしに、友達は、転んでも必ず立ち上がると、「七転び八起き」だとはやし立てます。職場への復帰はもう無理……と自分で観念していても、まわりの人たちは、必ず帰ってくるだろうと言います。

萎れかけた心に大きなプレッシャーを感じながら、それでもそう信じてもらえる、気力と体力があるように見てもらえることをわたしは喜んでいます。

長年、ひとり暮らしで自分のことはすべて自分でやらなければならなかったため、日々の生活も含めて、他人の世話になることが不得手でした。こうして、いま、ここで多くの人の優しさに甘えることにたいへん気を遣います。

いつまでも自分ひとりでやることにこだわらないこと。

そろそろ可愛いおばあさんにならなければ、いつまでもいままでのようにはいかない、とも考えています。

物忘れも失敗も年相応に増えてきています。

自分の認知機能の低下にも気づかされるときがあり、暗澹たる気持ちになるときもあります。そんなときは、同じ年齢の人より興味や関心が広範囲におよび、対応しきれないのだと自分で納得しています。それでも心のどこかで、次第に脳細胞が減少し、人並みの高齢者になっているのだという自覚もあります。

これまでの自分の生き方を振り返ると、常に自分を客観視して、いわゆる世間の標準に照らし合わせて生きてきたように思います。そうすることで納得できることも、また明日から注意しなければならないということも確認できてきたように思います。

9月末の転倒で、いままで頼りにしてきた右膝を痛めました。受傷したその日は一歩も歩けない状態でした。

たまたま、その2日後、ある女性の会で1時間話をすることになっていました。急にお断りもできず、車椅子の介助を頼んで約束の時間に演台に上がりました。動けなくても話す内容は同じで、講演が中止になるのかと思っていたとのことで、みなさんから、予定通り話が聞けたと喜んでいただけました。

また、参加者から、年齢だからと沈みがちな気持ちを元気にしてもらったと喜んでもらいました。感謝してもらいました。

歩けないからお断りしなければと思っていましたが、わたしの周囲の人たちも、それでは車椅子でと、なんの抵抗もなく送り出してくれました。

年だからといって甘えることも許されるのかもしれませんが、できれば、自分でした約束はきっちり果たしてこそ、年の功ではないかと思っています。

93歳、気を許せば、毎日楽に暮らせる年齢ではあります。

ただそれが果たして幸せなのか。わたしはつねに年齢や自分の能力より少しハードルを高めにして、それに挑戦していこうと考えています。年だからと甘えない。

そのために、いつもきちっとした身だしなみに気をつけ、新しい情報に関心や興味を持ち、その時どきの世の中の動きにうまく対応していきたいと思っています。

明日はまた新しい出会いがある、新しいなにかを学ぶことができる。

そんな期待に胸をときめかしながら過ごしています。

93歳のこれが
一日の食事のメニュー

あなたはどのように毎日をお過ごしでしょうか。
わたしは年齢のせいか、ときどき倦怠感を覚えることがあります。
そのような場合、前夜の睡眠状態とともに最近の食事の状態を振り返ります。
朝食はなにを食べたか、水分はどのくらい摂ったかと考えてみます。
わたしの一日の食事のメニューはつぎのとおりです。

普段の朝食は、ご飯を100グラム程度、味噌汁1杯、ハムエッグまたは焼き魚や煮物などと野菜サラダ。佃煮などを添えてそれが定番です。すべて自分で手をかけます。温めるだけという料理はしません。

お茶は急須に2杯を目安に飲みます。ほぼ６００ミリリットルに相当します。

仕事の日は、昼は職場の給食です。ほとんど全量いただきます。

夕食は自分へのご褒美も含めて、一日で一番のご馳走です。

家で揚げ物は、火の始末が心配ですからしないことにしています。天ぷら、フライなどが食べたいときは、出来上がったものを買ってきて間に合わせます。

夕食のおかずもほとんど自分で作ります。自分自身への大切なケアだと考えています。なにをどれだけ食べたかがはっきり把握できますし、食事のバランスをとりやすいように思います。

土日の朝はゆっくり休みます。朝はほとんど残り物を処分するにとどまり、残ったご飯をおじやにしたり、おかゆにしたりしていただきます。

買い物は、１週間に1回、日曜日にと考えています。目安ですから、足りないものはその都度仕事帰りに買い足します。

10年前に胃がんの手術をしました。早期でしたが胃を3分の1切り取られています。経過は悪くないのですが、やはりかなり気をつけて食べる量を考えなければ胸やけがしたり、腹部膨満で眠れなかったりします。

一般の人が腹八分ならわたしは七分と考えていますが、職場に出た日は空腹感があり、うっかり食べ過ぎることがあります。

「年齢の割によく食べられますね」と、みんなからはそう言われます。食べることが一日のエネルギーに繋がり、また健康のバロメーターだと考えています。

食事量と運動や活動との関係も大切です。研修の講師などの前日は、必ず上質なタンパク質や脂肪を摂るようにしています。脳の栄養は大切だと感じています。量より質を考えることも大切です。

食材を自分で買いに行き、自分で調理し、それを食べる。その日常を続けられる限り、元気で100歳に近づけるのではないかと考えています。

最近、いろいろな配食業者が電話で試食を勧めてきますが、まだまだ自分で頑張りますと言って断っています。いままで考えられてきた高齢者の生活は、人生

50年といわれた昭和の遺産であり、あれから時代は大きく変わり、人生１００年時代となりました。

生き生きとした新老人の身体機能や生理機能、さらには知的機能を奪わないような、新しい生活モデルを自分で考えなければと思いながら、いま93歳を生きています。

元気で長生きするための大切な6つの心がけ

この本のために、「元気で長生きするために心がけていること」というタイトルを編集者からいただきましたが、わたしは長生きをしたいと思うより、生きている間は、自分の体の状態を保つことは自分に責任があると考えています。

いままでの自分が歩んできた仕事の関係で、最後まで元気で明るい毎日を過ごし、みなさんのお手本になるように暮らしていきたいといつも思っています。

とはいっても、わたしはずっと健康だったわけではありません。

いいえ、むしろハンディを抱えて生きてきました。

ずっと病気や体の不調と付き合いながら、これまでなんとか生きてきたのです。

わたしは、子供の頃から逆さまつ毛で、とくに皮膚が弱く、花粉の多い春と秋には眼瞼や皮膚の掻痒感《そうようかん》で悩まされました。また　子供の頃は意識していなかったのですが、友達と下校する様子を見ていた母から、「歩き方がおかしい。気をつけなさい」と注意され、その頃から、自分の足は普通ではないのだと、ひそかに思うようになりました。

看護師になっても、日常的に支障があるわけではなく、気にしないようにしていましたが、加齢とともに痛みと跛行が目立ち、平成16年、右股関節全置換術を受けました。また、平成13年には、人間ドックで早期胃がんが見つかり、胃の3分の1を切除しています。

5年前、88歳で転倒し、大腿骨骨折で3ケ月間入院。

昨年、92歳の夏、2回転倒。骨折はなく打撲とのことでしたが、1ケ月間、買い物などを友人に手伝ってもらって、なんとかひとり暮らしを続けてきました。

11月になって、ようやく自分で買い物に行けるようになりました。

仕事上、介護予防や丈夫な体づくりなどについて、話をしたり書いたりする機会が多く、それだけ見れば、ツワモノのような印象を与えているのではないかと思いますが、実際にはこのように問題だらけ。

それだから気をつけ、いつも明るく元気そうに暮らしたいと日々心がけてきました。

以下はわたしが心がけている毎日の習慣です。

健康生活のご参考になれば、なによりだと思います。

1．きちんと睡眠をとる。

仕事の日は6時起床、お休みの朝は用事がなければ8時頃まで休みます。

翌日が休みの夜は、本を読んだり書きものをしたり、知人とメールで情報交換をしたりして、深夜の2時を過ぎることもあります。一日の睡眠時間を7、8時間と考えてきました。

2．食事には気をつける。

食事は、買い物から調理まで自分で行います。

朝食は、ご飯と味噌汁。主菜は、卵、練りもの、ハム、魚などの中から1品と、生野菜、果物などを足して皿に盛ります。その日の気分で佃煮、煮物の残りを。野菜が少ない場合は青汁を足します。

麺類をいただくのは昼食が多いように思います。休日の昼には、たまに近所の中華料理屋や寿司屋、イタリアンなどに足を運びます。

昼食は、仕事の日は職員食。休日は自分で作りますが、昼に関しては、最近手間を省き、冷凍食品を加熱していただくことが多くなりました。とくに食べたいものは昼に食べるようにしています。

夕食は手間をかけます。肉類と魚介類を日替わりに、肉は150グラムくらいを目安に1週間に2回は食しています。牛、豚、トリ、ラムなど、なんでもいいただきます。お魚は、鮭やサバ、アジ、ブリ、イワシが多いです。酢の物または胡麻和えのいずれかも欠かせません。お漬物はできるだけ食べないようにしています。理由はそれだけで食事をすましてしまうから。

予備食として、日持ちのするひじきの佃煮を作って保存食としています。ひじきは、小魚、大豆、人参、椎茸、お揚げなど、冷蔵庫にある食材を使います。またカレーをつくって冷凍し、急ぐときや補食したいときなど間に合わせています。

3．健康チェックをする。

体重は週1回、必ず測定します。前述の食事で、胃がんの手術後46キロをほぼ一定に維持しています。常に腹八分目に気をつけています。

血圧は130（㎜Hg）／70（㎜Hg）を目途に自己管理しています、血圧が100（㎜Hg）のような場合は脱力感があります。そんなときは塩分のある梅干し茶や生姜湯を飲んだりして、血圧をコントロールしてテンションを上げています。塩分の摂り過ぎは血圧を上げるので常に気をつけています。

一日の水分量にもこだわり、朝出かける前に６００ミリリットル以上を摂取。仕事中は２００ミリリットル程度摂るようにしています。帰宅後は就寝するまでに５００ミリリットル程度は必ず摂取しています。

４．整容に気をつける。

朝は顔を洗って、すぐに簡単な化粧をします。メインは眉を描くこと。気分によってうまく描けない日があり、その日の精神状態のバロメーターになっています。ヘアセットにも気をつけています。比較的色は白く、年齢の割にくすんでいないとよく言われますが、程よくファンデーションで隠しています。年々シミや皺が増え、どうすることもできません。

服装は、年齢より少し若く、と考えて選びます。どちらかといえば地味な色目をこのみ、スタイルにこだわります。生き生きとした雰囲気を作ることも仕事上必要なパフォーマンスと考えています。言葉、表情、姿勢、仕草や物腰、そして健康状態まで、すべて職業上の評価に結び付くのです。

5. 体を動かす。

毎日時間を決めて運動をするというような几帳面さはありませんが、欠かさず体を動かしています。

年とともに膝関節の変形が進んできますから、動きたい一心で、毎日膝伸ばしを60回、日によっては、これを2セット行います。10年間続いています。

蹴りを50回、左右それぞれ行います。

3年前からは、背筋伸ばしを。直立して手を真上にあげる動きを10秒間10回。腹筋を強化するために仰臥位に寝て膝を立て、腰上げ20回を3セット。骨盤底筋トレーニング（失禁予防。大腿内転筋を強化する）。肛門を意識しながら、両方の太腿を合わせ締めつける動きを30回。

あとは散歩で４０００歩以上を目標に歩きます。たまには休む日もありますが、90パーセント続いています。時間は決めていませんが、主に、起床時、就寝前に行うことが多いように思います。いまはまだ失禁ケアは不要で、快適に生活できています。

6．常に平静の心でいるようにする。

どんなときもしなやかな心でいたいと思っています。わたしの中ではどんなことも「ありき」です。基礎的な教育が不足していますから、何事もいったん受け止めてから考えることにしています。

ストレッサー（ストレスの原因となる刺激のこと）に強くなるため、しなやかさを大切にしています。

わたしにとって、看護や介護のように、人と交わりながら共感し、癒し合える仕事を天職だと考えています。自分の暮らしの中だけでは知り得ない多くのことを学び、人を大切にするという豊かな心を育てられていると感謝しています。時間の中に命を繋ぎ、働きながら暮らしていく。わたしの幸せは多くの人や多くのものごとに「携われること」だと考えています。

身だしなみにも気をつけます。出勤時は表情、姿勢、仕草なども意識的に注意して、明るく元気に働きたいと心がけています。

年齢より20歳、若く見られるための具体的な方法

わたしは実年齢の93歳よりもそうとう若く見られることが多いです。

わたしの実年齢を知るとみなさん驚かれます。

最近も、こんなことがありました。

ある日のことです。玄関のブザーが鳴って出てみると、保険の外交員という女性が笑顔で立っていました。「〇〇生命ですがご存じでしょうか?」。テレビで毎日のように宣伝していますから知らないことはないのですが、関心を持っているわけでもなく、なにしろ92歳にもなると、いまから入れる保険などあるわけはないのだからと無視していました。

女性は「どなたでも入りやすい手ごろな保険になっていますので」と、なおも話を続けようとします。わたしは「年齢的に資格がありませんから」。すると彼女は「いいえ、80歳まで入れますから」と話を続けます。わたしは言いたくないと思いながら、「わたし、90歳ですから、資格がないでしょう?」と答えました。実際には92歳だったのですが、2歳さばを読んで答えました。女性は目を大きく開いて、「えっ、70代くらいだと思いました。若くお見えになりますね」と言いました。

ずいぶん若く見られたものです。それほど悪い気はしないものの、10歳以上も若く見られることはまずないし、なにより自分では、年相応に年輪を感じてもらえるような老い方が望ましいと思っていただけに、少し残念な気もしました。

しかし、若く見られることも悪い気がしない。普通ならむしろ心地の良いことです。なにが彼女に若く感じてもらえたのだろうと考え込みました。

実は見かけとは逆に体のほうは年をとっていることを実感しています。

このところ膝が痛く、思うように歩くこともできません。

玄関に顔を出すのさえ、いままでのようにはスムーズでなく、仕事に出ない日が多くなったこともあり、寝間着から被りのブラウスに細身のパンツをはき、絣《かすり》の上っ張りをひっかけるという普段着のまま。化粧も眉を描くくらいで、職場に出る日と比べると手間をかけていません。

そんないまの自分が70代に見られたのです。お世辞にしても、あまりにも若く見られ過ぎのように思えます。

そう思いながら、いまもなお働き続けようと考えているのですから、少しでも若く元気そうに見てほしいという思いもいなめません。できる事なら、顔や服装ではなく、体形やそこから溢れるパワーのようなものから、若さを感じてもらえるのが一番嬉しい。なのに、最近、上体が前かがみになり、膝は変形し、老婆特有の歩き方になったと、自分自身気づいています。

そんな自分を日々情けないと思っていると、まわりの人たちが、「若いですよ、まだ頑張ってください」と言って励ましてくれます。まんざらではない気持ちに油をさして少しでも若く振る舞えるようになりたい、そう思っています。

しかし、その若さを感じてもらうにはまったく努力なしにはいきません。

毎日、朝起きると、まず体全体の筋緊張をほぐします。口腔ケアをして、コップに半分ほどの水を飲み、可動域に油が回るようにグニャグニャ体操をします。

とくに順番があるわけではなく、自分の体に聞きながら、気持ちのいいように体を動かしています。

次に新聞受けを覗き新聞を持ち込み、朝食の準備をしながらテレビのニュースに耳を傾けます。ようやくこの頃、血液の循環が良くなるらしく、自分の体に戻った感じがします。

朝食は、焼き魚かハムエッグと、生野菜、青汁、佃煮、昨日の残り物などです。朝は比較的しっかり食事をとります。急須でお茶を煎れ、二番だしまで約500ミリリットルを飲みます。朝食だけで600ミリリットル以上の水分を摂ります。

食事がすむと、新聞に一通り目を通します。仕事の日はそれから出発です。昼は職場の食事に慣れてきましたので、休日もそれに近い食事を心がけます。夜は食べたいものをいただきます。

食べた満足感も必要ですが、バランスも意識しています。とくに、10年前に早期胃がんの手術を受けてからは、食事量に気をつけ、消化の良いものを摂るようにしています。

元来それほど几帳面な人間ではないので、時間を決めたり、きちんと量を決めたりすることはできません。おおざっぱだと思いますが、日々少しばかり注意をすること、できるだけ手抜きをしないことが、体調管理に役立っているように思います。

最近、2回転倒し、落ち込んでいました。気力の衰えとともに姿勢も悪くなります。身だしなみにも心が配りにくくなります。気持ちを前向きに持って、今日一日、明るく元気に過ごすことを考えようと思います。

自分自身のために、無理をしないで続けられる健康法を考え、いつまでも若々しくありたいと願っています。

朝食はご飯と味噌汁が基本スタイル。野菜が少ない日は、青汁もいただきます。

すぐできる脳トレ術、頭はこう刺激すればいい

年をとってもいつまでも若々しい脳でありたいですね。

頭は使わないと早く老化すると言います。

たしかにそうだと思います。

いつまでも若々しい脳を保つにはなにをすればよいのか。

それは脳を刺激せよということですね。

さて、あなたは、頭をどのように使っていますか？

いかがでしょうか？　頭の使い方にこれぞという答えがありますか？　食べる、歩く、しゃべる、これらも頭を使ってはいますが、日々繰り返すようなこと

は慣れであり、脳を使っているとは言えないのです。

ただレールの上を走っているに過ぎないのです。

岸田首相の人気が低いから、どの程度に下がっているのか、安倍さんやその他の総理大臣だった人の在籍時の人気と比べてみる。これなどは頭を使っていますから脳の刺激になります。

ほかにも身近なところでは体操があります。

体操するときに、1、2、3と順番に掛け声をかけるのではなく、逆に3、2、1と号令してみる。これもはっきり脳トレになります。

後ろ向きに歩きながら100から3を順に引いていくという方法を指導している人がいます。これも良い脳トレです。

普段の方法とは逆の方法をやってみたり、いままでやったことのないことに挑戦するなども脳を大いに刺激します。

そういう意味で、わたしの仕事の進め方は、常に新しいものを取り込むように心がけ、しかもそれをできるだけ早く処理するように努力することで、しっかり脳のトレーニングにもなっています。

高齢者の集まりやデイサービスに行くと、わざわざ脳トレと言って、子供のするような計算問題や四字熟語などのテストをしている方がいますが、健康で元気ないまのあなたは、**いまの生活の中で無理なくできる方法で脳のトレーニングを試し、若々しい高齢期を楽しんでください。**

わたしは「京都新聞」ジュニア版の英語欄を音読したり、書いたりするようにしています。いまでは単語はかなり読めるようになりました。

どんなことでもできると嬉しく、元気が出ます。たとえば**新聞のニュースを声に出して読む**とか、**心に響いた言葉をノートに書き写す**とかも、いい脳のトレーニングになって、あなたの心の世界が広がります。

ひとり暮らしは気楽で楽しい？
ひとり暮らしの理由

わたしはずっとひとり暮らしをしてきました。

わたしは、いつもみなさんにひとり暮らしは気楽で楽しいと話しています。ひとり暮らしに至った理由を考えてみてもこれといった理由もありません。ですから、悔いてみても仕方がありません。いつの間にかひとり暮らしを続けていた、これも運命でしょう。降りかかった運命に抵抗してもどうにもなりません。しなやかに運命の風を受け、ひとり暮らしをプラスに考え、読書や執筆を趣味に楽しんでいます。

いつからわたしはひとり暮らしをするようになったのか、考えてみてもはっきりしません。好んでひとり暮らしをはじめた、そうした記憶もなくて。気が付いたらわたしたち家族はそれぞれに生きたいように自分の道を歩んでいた、そしていつからか、わたしもひとり暮らしをはじめていました。そんな気がします。

家族は、それぞれが離れていても、お互いに心配し合ったり、頼られたりしながらそれぞれの生き方で頑張っています。

わたしは19歳で、親の反対を押し切って、病気の夫と結婚、21歳で長男を生みました。子供が2歳のとき、夫が肺膿瘍を病み生死の境を彷徨いました。当時は、いまと違い、民間の中小病院では看護体制が整っていなくて、付き添い看護が求められ、布団や自炊道具を持ち込んで看護しました。経済的に余裕があれば付き添い看護もつけられたのですが、その力もなく、医療保護を受け、子供を実家に預けて、働きながらの夫の看護でした。

幸い夫は危機を脱し、闘病10ケ月で退院することができましたが、退院後の仕事も生活も安定しないまま、暫くは別居していましたが、結婚8年目に離婚。わたしは実家に出戻り、両親と息子と暮らしました。

息子を京都の高校に進学させ、自分も大学で学びたいと考えていましたが、息子は高校を卒業するまで田舎で暮らしたいと希望したため、わたしはひとりで京都に出て就職、ひとり暮らしを始めました。

息子が大学に入学し、わたしたちは久しぶりに母子で暮らすことになりましたが、間もなく息子は、アルバイトや趣味の音楽活動のために家を出て暮らすようになり、わたしは再びひとり暮らしになりました。

そして卒業を待たずに息子は結婚し、昭和52年に長男（わたしの初孫）を授かりました。

初孫が生まれ、現在地に住居を構えました。少しは家族のことも手伝いたいと、息子家族と同居することにしました。その頃わたしは大学の通信課程で勉強していましたので、それまで息子が住んでいたアパートを書斎代わりにして、自宅との間を往き来していました。

やがて息子夫婦に次男が誕生しました。

息子や孫たちとの懐かしい思い出はこの時期に凝縮しています。

しかし住み続ける家を持ち、安心していた矢先、息子夫婦の間にひびが入り、離婚することになりました。

以来、わたしと息子は、住民票の形の上では同居ではありましたが、わたしはほとんど独居生活に近い生活でした。

わたしのひとり暮らしはこのようにしてはじまりました。

仕事がうまくいくために心がけたい二つの習慣

仕事がうまくいくにはコツがあります。

わたしは、仕事をする上で心がけてきたことが二つあります。

一つは、「なにをするにも、次はなにをするか、いま隣の人はどうしているかに注意できるくらい、心に余裕を持つこと」。これはわたしが総婦長になった36歳の頃に、200人の看護師をまとめていく上で必要なことではないかと思い、日々心がけてきたことです。

もう一つは、「いまやっていることが終わると同時に、次の仕事の準備ができていること」。つまり、右手のものを手放すとき、左手で次のものに手をかけているというように、次々としなければならないことを進めていくという方法です。**そのために、今日はこの仕事をここまでやってしまう、という目標をあらかじめ頭に入れておくようにしています。**

いい加減な人間ですから、きちっとしたことには窮屈で抵抗がありますが、ある程度目標を立てて、そこにたどり着いたときは、達成感でひとり歓声を上げます。脳も褒めてやることが大切です。使うだけでなく「やったー」感で刺激を送り込むことも、また大切ではないかと思います。

このように、人はそれぞれに自分流のやり方や生き方がありますが、この心がけが、わたしに**仕事を溜め込まない、その日の問題はその日のうちに処理する**という習慣となって、わたしを助けてくれました。こうした頭の使い方は、頭の中の不必要なことの整理と掃除に役立ち、新しいことをスムーズに受け入れられるように思います。

年をとって楽しく生きてる人
そうでない人

わたしはあまり喜怒哀楽をはっきり出さない方です。真面目過ぎて、はしゃげないのかもしれません。人とあっても話しながら大笑いすることもあまりなく、賑やかに笑う友人を羨ましく思うことがあります。だからと言ってその場が退屈だったり、楽しくなかったりするわけではありません。楽しさも喜びもしっかり感じています。こんなわたしが、楽しく生きる人、そうでない人についてなど人の気持ちを語れる資格はないと思っています。

あるとき、職場の友人が初孫ができたと喜んでわたしにラインで知らせてきました。さぞ嬉しいだろう、と折り返し連絡し、友人のこれから先のおばあちゃんぶりを想像しました。いつかそのおばあちゃんぶりが見たいものだと思いました。

友人からは、次の日曜日には孫の顔を見に行ってきた、と連絡がありました。

お食い初めの祝いをした、日に日にしっかりしてきた、と写真付きで喜んでいるラインが送られてきました。息子が実家の近くに家を建てて住むと言い出したことも喜んでいました。

ある日、今日、息子夫婦の都合で子供を預かった、短時間は楽しかったけど長い時間は疲れます、と。

なるほど、自分の子供であれは何時間でもしんどいとは思わないだろうに、そう思いながらラインを読みました。彼女のように自分の思うことを素直に話せる人は、きっと楽しく暮らしていける人だと思います。

長い間、子供のお守りを任されても、大丈夫だよ、なんともないと、平気な人もいます。しんどくても我慢して言葉に出さない人も。それぞれに人物像が浮かんできます。

わたしは、自分の幸福を素直に話せる人が羨ましく思います。

彼女は時々は孫のお守りをさせて貰いたいけど、これが毎日だと大変です、と言って笑っていました。我慢する人、辛抱強い人、計算づくで暮らしていける人など、初孫のおもりという場面から様々な人間模様を想像しましたが、どれも間違いでなく、また良い悪いもありません。

ただ楽しく生きているか、あるいはなんとなく重いお荷物を抱えさせられたように感じているか、不満を持ちながら、今この瞬間の自分の立場を考え、表面を繕っているか、などの違いでしかありません。ところが、ここに参加しているどのお婆さんにも共通することがあるとわたしは信じます。それは、いつか成長し「おばあちゃん」と呼んでくれるであろう孫に対する可愛さと、期待。

「お前のおばあちゃんとして、こうして出会えてうれしいよ」という喜びです。また、もう一つは、大切な子供を気持ちよく預けてくれる息子や嫁に対する信頼感です。心の中では、疲れないかしら、慣れないから大丈夫かしら、との思いもあるでしょうが、其処にはそれ以上の喜びがあると思います。

さりげなく表れる信頼感や気遣いは、どの母親にも通じるのではないかと思います。

能登半島の災害を受けた被災者の方が、「住み慣れた町を離れたくない。馴染のある人や馴染のある風景のこの地。わたし達にとって、ここではみんな家族です」そう話しておられました。信頼できること、胸襟を開いて話せることが、明るく楽しく生きることに繋がるように思います。

被災者の皆さんが「命が助かっただけでも幸せです」と話されましたが、一日も早く安心できるくらしに戻っていただけるようにと祈っています。**楽しく生きるとは、話し相手があること、希望がもてること、当たり前の暮らしができることだと思います。**

コラム 「感染症」自分で気をつけたいこと

高齢者は免疫力や予防力が低下し感染症に罹りやすいと言われています。とくに基礎疾患のある方は、十分注意してください。

先般コロナのパンデミックが起こり、誰もがこうした注意事項を聞かされました。とくに、肺機能不全による呼吸困難で酸素吸入が必要な人、糖尿病の治療を受けている人、血圧が高くて心臓に負担をかけられない人、定期的に心機能の評価を受けている人、腎臓や膀胱あるいは肝臓の機能障害のある人、胃腸に炎症があったり、過去に手術を受けている人などは、災害や貧困などで普段通りの生活ができなくなると、全身状態のバランスが崩れ、病状が急に悪化したり、感染症に罹りやすくなります。

医師や看護師は、これらの基礎疾患については日頃から注意を促し、経過を追って状態を把握していますが、災害により生活環境が壊れたり、パンデミックになったりすると、医療を受けることもできなくなってしまいます。

ですから、そうした場合に一番注意をするのが2次感染の防止です。

基礎疾患については、前述のように情報の管理ができていますから、最低限度の対応ができても、その上、感染症に罹ると、いままでの病歴が役に立たなくなり、病状の管理も治療も困難になります。

従って一人一人が気をつけて、感染症を寄せつけないこと。

ウイルスの侵入経路や生存期間、症状などを熟知し、感染しやすい場所に出かけない、外から持ち込まない、衛生面で気をつけて他者に拡げないこと。

さらに室内の換気や、汚染箇所の消毒、マスクの着用、うがいや手洗いの徹底、入浴、洗濯、掃除などをこまめにすること。

栄養のある食事をとり、水分補給を十分にすること。

とくに冬期は、空気感染によるインフルエンザや風邪にかからないようにしましょう。

風邪は万病のもとと言います。

十分に注意しましょう。

季節の変わり目では、大腸炎やノロウイルスなどの中毒症状に苦しむ人が多くなります。

できるだけ生ものは避け、火を通して食べるなど気をつけたいと思います。

とくに高齢者の場合、いままで元気だったからと自分の健康を過信しないように気をつけたいと思います。

いつもとちょっとおかしい、少し熱っぽい、頭が重い、動悸がする、欠伸が出る、倦怠感や節々の痛みを感じる、のどが痛い、気力がない、などに気づいたら、早く適切な治療を受けるように心がけたいと思います。

自分の健康状態を気にかけ、普段との違いに気づくことが大切です。

いままで健康だったから、ではなく、いままで通り健康で暮らすため、今日も自分の体にご機嫌伺いをしてみましょう。

5年前より予防力も免疫力も衰えてきていますから。

第二章

人間関係で幸せになれる

明るい声で挨拶をする効用

休日に自宅の玄関を掃除していると、ランドセルを背中に小学生が帰ってきます。元気な声に誘われて「お帰り」と声をかけますが、子供たちはちょっと視線をこちらに向け、「わーっ」と叫びながら立ち去りました。

子供の頃を、ふと思い出しました。わたしの生家は小学校から4キロ、子供の足では50分ほどかかりました。丹後ちりめんの機屋が多く、屋内での仕事が多くて、農繁期を除くと、下校途中に人に出会うことはめったになく、顔見知りの人に出会うとホッとしました。

出会う人から、「お帰り」と声をかけてもらうと、聞かれもしないのに、べらべらと学校であった出来事などをしゃべったものです。

その頃はまだ牛に大八車を引かせて物を運ぶ商売がありました。その牛車のオジサンに出会うと、荷を下ろしたあとの荷台に「乗れ」と言って乗せてくれました。

また、途中にある小さなお店の店先では、いつも同じ顔のおばあさんが立っていて、「お帰り、気張って勉強してきたか?」と聞いてくれました。学校での出来事どころか、その日のテストの点数まで嬉しそうに報告した記憶があります。おばあさんは「よう頑張ったなー」と褒めてくれました。

このように、地域の人たちがみんな家族のような時代で、懐かしく思い出されます。

最近は知らない人から声をかけられても相手にしないようにと、学校では指導されているようで、こちらから声をかけるのも躊躇します。

地域で支え合いましょう、困った人を見たら声をかけましょう、誰もが住みやすい優しい町にしましょう……。行政が発行する広報などには、たびたび書かれていますが、はてさて、どう行動したらいいのか。

２０２５年が迫っています。少子化と後期高齢者の増加、このままでは先々心配です。一人一人が自分のこととして考え、みんなで支え合って、生き生きと暮らせる町づくりを考えていかなければと思います。

明日から、まず挨拶をです。

ちょっとした一言の気配りが心を和ませる

「餃子を食べに行きましょう」

いつもなにかとお世話になっている友人の村上さんのご主人が、餃子が好きだということで、わざわざ迎えに来てくださいました。

ご夫婦と3人で近くの中華料理チェーン店にでかけてごちそうしていただきました。

わたしも、餃子のパリッとした羽の焼き具合が好きで、時々、散歩方々立ち寄り、昼食1回分の手抜きをすることのある、普段から馴染みの店でもあります。

この日は、夕方で、順番を待つ客が店先まで一杯でした。

20分ほど3人で待っていたら順番が来て、店の端っこのテーブルに案内されました。コロナ感染に対する警戒心も少し和らいで、マスクを着けていない客も少なくありません。

換気のためもあるのでしょう、入り口のドアは開いたまま。かなり空調も効いていて肌寒く感じました。村上さんが「ちょっと寒くないですか」と、年寄りのわたしを気遣って声をかけてくれました。

彼女は普段から声量のあるよく通る声で、この頃、話が聞き取りにくいことが多いわたしも、彼女の話だけはめったに聞き逃すことがありません。それだけに、その声がレジの女性の耳にとどいたようです。彼女は、混雑するレジの仕事の手を止めて振り返り、すぐに近づいてきました。

「もしよろしかったら、こちらの席はそれほど風が来ませんから、席をかわっていただいてもいいのですが」と。

その気配りに敬意を表し、「ありがとうございます。それほどでもないので、このままで結構でございます」と、わたしたちは、何度もありがとうを繰り返しました。

「このお店、ほんとによく気を配ってくださる店なんです。この間、孫を連れてきたんですが、孫にまで気を配って、声をかけてもらいました」。

村上さんが、そのときもその女性だったと話してくれました。

この混雑するレジをうまく捌きながら、彼女の背後に座っているわたしたちの席での話に気づき、すぐに対応できるその感性の豊かさと、反射的に対応する接待力に感心しながら、改めて、60歳にもなろうかと見られる彼女の姿にしばし見入っていました。

何度かこの店を訪れ、そのたびに他に数多く見かける同じチェーン店との違いを、なんとなく感じた村上さん夫妻は、以来度々この店に来るようになったといいます。

わたしは普段ひとりで訪れるとき、気のせいか、なんとなく冷ややかな店のようだと気になっていました。高齢者のひとり歩きは、ともすれば不安に感じられたり、どんな暮らしをしているのだろうといぶかしげに見られたり、普通と違った感情が湧くのかもしれません。ところが、今日は家族と一緒だと思ってもらえたのか、それとも、わたしの安心がそう思わせたのか、いつになく温かく感じました。

レジの女性の気遣いと快い言葉の響きが嬉しかった。

その持てなし方を素直に気持ち良く受け入れ、喜んでいる村上さんの澄んだ心にも温かさを感じました。

人と人の関係は、このような些細なことによって、心を和ませてくれます。

時には30キロ余りの距離を身近に引き寄せる大きな力になるんだと、改めて感動しました。**一人一人のちょっとした小さな気配りや、親切、温かい一言が心を和ませます。**その気持ちを大切にして、明日からの暮らしに役立てていきたいと思いました。

散歩の効果
歩くことで思い出す

歩くことで昔の記憶を思い出すことがあります。
それはホームのみなさんと散歩に出かけたときのことでした。
からっとした朝を選んで涌出宮《わきでのみや》の参道を歩きます。
頭上から降り注ぐ蝉の声に立ち止まり、「蝉かしら」とHさんがつぶやかれました。
「そうやねー、賑やかやわ」。Nさんが明るく答えられます。
蝉の声は、まるで雪崩れ込むようです。
何百年も続いた鎮守の森のどこで鳴いているのか……。わたしたち二人は上を見上げ、梢を突き抜けて差し込む朝の陽光に目を細めています。

早朝の闖入者《ちんにゅうしゃ》に驚いたのか、蝉たちの声は一層けたたましい。何回か参拝するうちに神殿の場所が記憶に残っているらしく、「前にも来たように思うわ」とNさん。すると、「いつもお参りさせてもらっていますやろ、あのお宮さんです……ネッ」。同行するわたしのほうに視線を向け、なんとも静かで上品な抑揚で答えられました。普段は5分前の出来事も忘れてしまわれるお二人ですが、この散歩ではかなりの記憶が甦ってくるようで嬉しいです。

「いま何月だったかしら?」。それとなく聞いてみましたが、答えはありません。「何日だったかなー」。二人はお互いの顔を見合わせて笑顔に。間をおいてHさんが、「考える必要がないから、うっかりしてますわ」と都合よく答えられました。かつては、賢く頭脳明晰な方だったに違いありません。

なにもかも達観したかのようなさわやかな笑顔から、今日もまた、新しいエネルギーが送られてきました。

境内の突き当たりに、百日紅《さるすべり》の木があります。

この木は、普通は上に伸びる習性を持っていますが、涌出宮の百日紅はしだれています。何年か前の雪で枝が左右に裂けて、それからしだれるようになったと宮司さんからお聞きしました。わたしたちの手の届くところに、大きな房のような花が誇らしげに咲いています。「なんの花かしら？」。Nさんがつぶやかれました。

「百日紅っていう木です」。すると「ああ思い出した。わたしの村のお寺にもありました」。

Nさんの記憶の中に故郷の光景が浮かんでいるようです。Nさんの故郷は、和歌山県の山の中だそうです。「お寺はご実家から近かったの？」「すぐそこでした。近所の子たちと、よく遊びました」。懐かしそうな、優しく穏やかな表情でした。

ホームを出てから20分余りの短い時間の散歩。少ない会話の中にたくさんのシグナルを感じることができました。

日々の生活の中での言葉のやりとりはもちろん大切ですが、シナリオにないこうした出会いも忘れかけた昔を呼び戻したり、不安な心の隙間を瞬間ではあっても満たすことができるのではないか、そう信じています。

天気予報を頼りに涌出の森の散策を楽しむとき、行き交う人との挨拶や、目にうつる自然の光や物音、季節の変化を感じ、美しい、楽しい、ありがたいと感じて生きてきた昔のご自分に出会ってほしいと思っています。

歌を歌うことは脳と体にいい

ある日の施設での出来事です。

久しぶりに、歌詞カードを開いてみんなで歌を歌いました。

「赤い靴、はーいてた、女の子」。この歌を歌い始めたとき、97歳のTさんが、声を忍ばせて泣いておられました。「どうしたんですか?」。難聴があり、わたしの言葉が届いたかどうか……。Tさんは、「子供の頃を思い出して」と。

Tさんの心の中にしまっていた赤い靴の歌でした。Tさんは「野口雨情ですね」と言いました。「そうですね、昔わたしも、よく歌いました」「母が好きでした。母がいつも歌ってくれましたので」。Tさんの表情は、まるで少女のように見えました。

「他の歌にしようよ」と誰かの声で、次の歌に進むことになりました。次のページは「カラスのうた（七つの子）」でした。「じゃあ、今度は、『カラスのうた』ですよ。元気を出して歌いましょう」。誰かの音頭で歌がはじまりました。「からす　なぜ鳴くの　からすは山に　可愛い七つの　子があるからよ」。歌い終わると、今度はHさんが涙ぐんでおられます。「Hさん」と声をかけると、「ごめんなさい、Tさんに誘われてしまいました」。

するとと誰かが、「元気の出る歌にしようよ」と。いつもMさんは、「もしもしかめよ」をひとりで歌っておられるから、これなら、歌詞カードがなくてもみんなで歌えるかもしれない。そう思って、わたしが「もしもしかめよ」を歌いましょうかと勧めてみました。「そうしよう」。そう言って、Yさんが音頭をとって歌い始めました。

誰でも歌える馴染みの歌であり、ほとんどの人が口ずさんだことのある歌。みんなの声が弾み、なかには身振り手振りで音頭を取り始める人もいました。その時、そこにいるみなさんの心は、小学校時代、あるいはもっと幼い頃の自分に戻っておられるのではないかと思えました。おそらく、頭のなかにはさまざまな記憶が甦っているのだろうと想像しながら、わたしは、泣くことも、笑うことも、怒ることも、人間にとっては自然なことであり、その時に脳が働き、感情が湧き出るのだ、そして、諦めて、ともすれば怠惰になりがちな心に、弾みを取り戻すのだと考えていました。

歌はこのように感情を呼び戻したり刺激したり、また次の歌詞を考え、思い出し、脳を刺激し、脳細胞を活性化します。育ってきた故郷や両親のこと、友達と楽しんだあの頃に想いを馳せることができます。

歌を歌って楽しんでください。美しい歌詞を一字一字拾いながら、声に出して読んでください。脳の細胞を刺激し活性化します。口や舌、のどの運動になり、消化液の分泌を豊かにします。嚥下を助け、食事を美味しくスムーズにいただく

ことができます。

幼い頃の景色を思い出しながら、老後の健康に役立つ歌を楽しんでいただきたいと思います。

老いたら運転免許は返したほうがいいのか

近所でのお友達との立ち話で「運転免許」の話がでました。

「Mさん、80歳でしょう？　この間、交差点で対向車の若い兄さんに、えらい怒鳴られておられました」

「まあ、そうですか」

「あの方、良い方ですけど、なかなか頑固だそうです。10年ほど前は毎日田んぼに出かけておられました」

「そうでしたね。そして脱輪されて、みんなで引き上げに行きましたね」

「それでも懲りはらしません。あの方明るい方ですから、毎日家に帰ると、奥さんや息子さんに言わはるんです。『今日は脱輪しそうになったがうまくいった』『細い道で左折しようとしたら向こうから車が来て、もう少しで衝突しそうになったけど、うまいことかわせた』とか。まるで武勇伝のように話されるそうです。でも、最近は、そんなこと言うと息子さんに、『免許返上せ』って怒られるからと、黙っておられるようです」

「そうそう奥さんが、『うちのお父さんの車は傷だらけ』って言うて、心配してはりました」

このような、あるいはこれに近い話は、あちこちで耳にするようになりました。ご本人はそれでも、「俺は年齢より20歳も若いと褒められた」と、自信満々。家族は気の休まるひまもなく、運転能力の検査の日を待って、この次こそはと、こればかりは不合格であれと祈っています。

思うままに移動を助けてくれる車の自由さを手放す覚悟は、年だからといって、簡単に思い切れるものではないと思います。また、長寿社会になって80歳を過ぎ

ても ゴルフやボウリング、ゲートボールなど、スポーツを楽しむ人や、時間を持て余し、老いても可能性を模索しながら働き続けてみようという、元気な高齢者も多くなってきました。

身体機能のしっかりした高齢者も多く、優れた経験や技術がまだまだ生かせる高齢者は少なくないと思います。個々の高齢者がその力を十分に生かしながら、残された人生を前向きに生き続けられるように、社会全体で考えていかなければと思います。

高齢者は危険物ではない、高齢者がラクに生きる方法

高齢者の交通事故が毎日のようにニュースになるのを見ます。

高齢者の運転する車の事故が報じられるたびに、背筋にひんやりとするものを感じます。

そして、いまの地域社会の構造が、高齢者の特徴を考えた優しい町になっているのだろうかと考えさせられるのです。

普段多くの人が歩く国道などの道幅が、歩行者が安心できるように計算されて確保されているのでしょうか。

4年前、わたしは、猛スピードで走り去る2台の車の風圧に飛ばされて転倒し、

大腿骨を骨折しました。腰を打ちつけたのは路肩に積まれていた石垣の角。この道は、車の走行だけを考えた道幅だと気づかされました。

終戦直後、いまのような車社会の光景は想像もできませんでした。当時は、歩くという生活が当たり前でした。自転車をどこの家でも日常的に使うようになったのは昭和20年代後半だったと思います。そこからさほど時間が経過しないいま、交通事情がにわかに悪化していきました。狭い道を車が走り、人々は小さくなって道を譲らなければなりませんでした。

いまようやく道幅の広い町の計画が進められるようになり、団地の道幅や公園など、ゆとりのある景色が見られるようになりました。

しかし、神風景気にあおられて建設された昭和の終わり頃の住宅地では、戦争で家を失ったり、故郷をなくした人たちが、間借りや2階住まいを余儀なくされていました。

そのような家族が自分の家を持ちたいと思い始めました。また、核家族化も進み、世帯分離のために、にわかに建てられた家などが都市の辺縁部に密集し、ゆっくりとした道幅や環境保持が十分に考えられていませんでした。その後、海外との交流が盛んになり、生活の在り方が急に変化し、新しい感覚での町づくりが進むようになりました。

一方で、車族が急速に増加し、経済の発展がスピード化にあるかのように競われる時代となり、人々の普段の暮らしは二の次となりました。

今日の高齢化社会も、敗戦直後に予測できたはずであるにもかかわらず、国は、老人に対し、長年の国の発展に寄与してきたことに対し、敬愛すべき存在と位置づけながら、高齢者の尊厳に対しなんら触れてこなかったのです。高齢者の自立を無視し、国民全体で扶養していく存在であるという思想のなさの表れではないかと思います。おそらく90歳近い高齢者が車に乗ったり自分の足で歩いて職場に通っていくなど、この状況は予想もされていなかったのだろうと思います。

しかしいま、高齢でも、若い身体能力や知的能力を維持し、社会に貢献している高齢者は数多くいます。スピード化と並行して、いまに生きる旧い生活文化を、大切に生かしていけるという意識を持ってほしいと思います。

障害がある人も、高齢者も、その持てる能力で自分らしく暮らしていける地域づくりを考えてもらいたいと思います。

わたしは93歳で宇治から木津川市に通勤しています。以前は奈良線の宇治駅まで近鉄沿線から路線バスがありましたが、車族が増えて乗車する人が少ないからと廃止になりました。市役所も、警察も、文化センターも、すべて旧宇治地域に集合しています。まるでこの槙島地域は陸の孤島のように、足を奪われた地域になり、タクシーに頼らざるを得ません。

施策で対応できないのであれば、高齢者の車の運転も、危険物として対応するのでなく、安全性を考えて、道路幅や通行時間、車の性能などを考えてほしいと思います。高齢者の身体能力や知的能力に適した車種、状態を真剣に考えてほしいものです。高齢者も若い人と変わりなく活動できるような社会にしていかなければと思います。

これからは少子化のために高齢者を支える人口が少なくなります。子育て中のお母さんをパートで雇用したり、外国人を労働力として受け入れたりと、少しずつ考えられていますが、仕事によっては高齢者でもできる仕事はたくさんあるように思います。

高齢者が年齢に関係なく、自分に合った仕事や趣味や専門技術を生かし、いままで通り働けるように、路線バスの運行、安心して歩ける道幅、高齢者の運転などについて、不自由をなくす方向での検討に力を入れてもらいたいと思います。

あるいは誰もが車に乗らなくても移動が可能な街づくりを考えてほしいとおもいます。

高齢者が事故にあわず詐欺に騙されないで生きる方法

高齢者の自動車事故と、悪徳業者に騙されたというニュースが、毎日のように報道されています。

75歳の高齢者が車でコンビニに突っ込んだり、屋上駐車場でストッパーも壁面も突き破って向こう側に落下したり、高速道路を逆走したりなど、新聞もテレビも特別に大きく報じています。

高齢期には、誰にでも起こりうる身体障害や、認知障害、その上、基礎疾患のある人の場合は、今まで潜んでいたいろいろな病気が発症したり、再燃したりします。いまは該当しないあなたも、いつかはその渦中の人になる可能性があるのです。

体が不自由で、車に乗れなければ、自分でやりたいことができなかったり、行きたいところに行けなかったりします。昔は、自転車やリヤカーで食料品を売りに来る商人がいたり、チャルメラを鳴らしながら町を行く中華そばの屋台、町の中を走る乗り合いバスもありました。

いまはそうした景色も影を潜め、車社会や、デジタル化、高速化、大型化の時代に変わってきました。戦後の焼け野原からいまを立ち上げた人たちが、高齢期を迎えました。自分たちが築いてきたこの社会を僥みながら、社会の発展に心を奪われて、自分たちの老後の生活マップの作製をおろそかにしてきた、そう思うこの頃です。

他方、いまや運転士がいなくても走るスーパーカーや、空を飛ぶ乗用車が登場するという時代になりました。これからの若い世代が、5年先10年先を、ただ目の前の、引き継いだ知識や技術を高めるだけでなく、ちょっと振り向いて、高齢者や障害者も含めたすべての人が生き生きと暮らせる、利便性や住み心地を考えた、新しい地域社会づくりを目指して頑張ってほしいと思います。

老いても人を気遣える、賢さと優しさ

10年ほど前のこと、教育テレビを見ていると、「介護百人一首」という番組がありました。

毎年、全国から応募された1000通余りの短歌の中から、選者による入選作品が紹介されていました。

いずれも歌人は、病気や認知機能に障害のある高齢者を在宅で介護してきた家族や、介護施設で働いていた人、あるいはいまも働いている人で、介護のかたわら、その時どきに思いを書き留めながら詠みあげたものでした。

どの作品も印象深く、介護の様子がリアルに描かれ、また、その辛酸が行間から溢れ出ていました。内容は、介護の工夫をはじめ、夫婦の愛情の深さや、家族への感謝の気持ち、ストレス解消の方法などと多彩で、涙や笑いを誘いました。中でもわたしの心を釘付けにした作品がありました。その作品は次のようなものでした。

「極楽はあるか」と聞けば　母は云う
「ここがそうだ」と　吾れをなぐさむ

長年自宅で98歳のお母様を介護してこられたご夫婦が、自分たちも高齢になって、十分な介護ができなくなったため、お母様を介護サービスの施設に預けられたそうです。ところが、最後まで介護できないことが気になり、お母様に申し訳ないという気持ちで心が休まらなかったようです。そんなある日、施設に面会に行かれたとき、何気ない世間話の中で、「この世に極楽はあるのでしょうか?」

と尋ねられたそうです。するとお母様は「ここがそうだ」と、即座に答えられたそうです。

短歌を詠まれたご主人は、「わたしがマスオさんの立場なので、義母が、わたしに気を遣ってくれたのでしょう」と、震える声でつけ加えておられました。そして「義母の気遣いでしょうが、あの言葉でずいぶん気持ちが楽になりました」と話しておられました。

老いても、なお毅然として家族を思う賢さと優しさが心に響き、話に耳を傾けながらありがたく感じられました。と同時に、このご家族の願われる「ここが極楽」という言葉に相応しい介護施設にしなければと、強く感じたものです。

当時、特別養護老人ホーム「山城ぬくもりの里」の施設長として就務していた頃のことです。

コラム　「介護保険制度サービス」楽しく余生を過ごすため知っておきたい

みなさんはごぞんじでしょうか。

介護保険制度がスタートしたのは平成12年です。すでに23年が経過しました。わたしの祖父や、わたしの両親も、介護保険のお世話にならずに亡くなりました。もし生きて間に合っていたら、介護保険のサービスをうまく使って、楽しく余生を送らせてあげられたのにと思うことがあります。

しかし両親が亡くなった当時は、まだ在宅死が多く、子が親を看るのが当たり前でした。おかげで両親とも息子や娘に看取られ、見慣れた景色の中で亡くなりました。そういうことでは両親は幸せだったのではないかと思います。

昨年4月、わたしの兄が96歳で亡くなりました。

3年ほど前から特別養護老人ホームのデイサービスやショートステイを利用しながら、近所に住んでいる次男の世話になり、自宅で気楽なひとり暮らしを楽しんでいました。

亡くなる1週間前まではショートステイを利用していたそうですが、もともと心不全があり、急に呼吸困難になって救急入院。入院して1週間で亡くなりました。

わたしも兄もコロナに感染していなかったのですが、コロナ感染防止のため、生前の兄に会うことはできませんでした。面会はガラスの向こうから顔を見るだけで、兄の子供3人だけが許可され、たったひとりの妹のわたしも孫たちも、最後に出会うことができませんでした。

冷たくなった兄を家に迎え、闘病の苦労をねぎらいましたが、せめて兄の自発呼吸のあるうちに、いままでの労をねぎらい、感謝の言葉をかけたかったと残念に思いました。

30年前と現在を比べると、社会は大きく変わりました。

昔はそれなりに良かったという思いもありますが、介護する家族の立場から考えると、介護に時間を奪われず、家族間の微妙な感情にとらわれたりせず、それぞれ家族中心に生活できるようになった今を喜ぶべきなのでしょうか。

高齢者の看取りが、以前は在宅が8割という状態でしたが、いまは、病院や施設で亡くなる高齢者が増えてきています。

どちらが良かったとも言えませんが、介護保険制度ができ、子が親を看るといういままでの当たり前も、また親孝行という言葉も、次第に忘れ去られていくように感じています。

そうは思いますが、家族にもいろいろあります。

介護保険がスタートする前から、脳梗塞の後遺症で、往診を受けながら妻の幸子さんの介護を頼りに暮らしていた修三さんは、子供も兄弟もなく夫婦二人。幸子さんは休む間がなく、このままでは施設にお世話にならないと共倒れになる、そう思っていたそうです。ところが介護保険がスタートし、訪問ヘルパーや、訪問看護、デイサービス、ショートステイが利用できるようになり、サービスを利用しながら10年近く、二人での暮らしを続けられました。修三さんが亡くなられたあと、幸子さんは「いい時に介護保険ができて、わたしたちは最後まで二人で暮らせました」と喜んでおられました。

介護保険も上手く利用することで、家族がいままで通り暮らせたり、いままでより楽になったりします。

また高齢者自身デイサービスに出かけ、同年齢の人と話したり、介護職員と触れ合うことで、家の中に閉じこもらず、社会の空気に触れ、かつての元気を取り戻したりします。

サービスをうまく利用するためには、制度をしっかり理解すること。

短い時間ですが、その時間を自分が利用しているという気持ちになって参加すること。

介護保険料を無駄にしないために、効果的にサービスを利用し、元気な毎日を過ごしていただきたいと思います。

はじめは、みんな他人事。
ひょっとして？　ある日気づけた物忘れ。
失敗なんかよくあるよ。叱らないで。
怒ったり責めてはだめ。責めないの。
いいこと見つけて褒めましょう。
いつでも挨拶、声かけ合いましょう。

第三章

認知症を病む人

寝たきりと認知症、どっちを選ぶ？

あなたに質問です。

「『寝たきりの人の介護と、認知症の人の介護の二つのうち、どちらか選びなさい』と言われたら、どちらを選ばれますか？」

みなさんどのように答えられたでしょうか。

わたしがその質問の答えをお聞きすると、大半の人が「寝たきり」のほうがよいと答えられました。

このような質問をすることも、それについて判断することも好ましくありません。

認知症という病気を理解し、認知症を病む人の思いに寄り添い、その人の病気を心配し、その人に寄り添った介護ができれば、このような比較をする必要はなく、普通の病気として介護したり、養生に専念できるのだと思います。

介護するということは大変なことですが、高齢者が多くなると、子育てと同じように、元気な人が、親や連れ合い、兄弟の介護をしていくのが当たり前の時代になると思います。

寝たきりになっても認知症になっても、いままで通り住み慣れた家や、馴染みのある人たちの中で、自分らしく暮らしていけたら幸せだろうと思います。

介護を楽しいと言う人もあれば、シンドイと言う人もありますが、できれば楽しんで、自分の人生にプラスにしていけたら素敵だと思います。

介護の経験は、寝たきりや認知症を体験するのと同じようなものだと言えます。

それは、身体的な経験ではなく、介護をしながら相手の気持ちをさまざまに考え、自分の中に移し入れるからです。

介護経験のない人は、病気になって自分のことができなくなったら、「どうしたらいいの？」「どのようにして排泄するの？」「どうやって入浴するの？」と不安になります。会話ができなくなると、「どのようにして気持ちを伝えるの？」と落胆します。

ところが介護経験のある人は、病気と付き合う方法を自然に身につけていますから、いざというときに介護される自分をうまく受け入れ、その状況に適応できるのです。

介護はゴールが定まらず、気が遠くなるほど大変だと思いますが、日々介護を受ける人の気持ちを大切にすることで、自分自身がその立場になった場合、質の高い介護を受ける上で、必ず役に立つと思います。

認知症っていったいなんだろう

「うちの父、最近、認知かなーと思うことがある」とか、「母はいよいよ認知みたいです」などと会話の中に出てきます。まるでそこだけ聞けば個人差がなく、みんな同じ経過をたどり、同じ症状のように思われているようで、「どんな状態でそう思うんですか？」と必ず問い直しています。認知症という病名の曖昧さに時々困ることがあるのです。

認知症と呼ばれている病気は一括りで表現できる病気ではなく、人により、障害の部位により、また範囲によっても症状の表れ方が違い、人それぞれです。これほど個性的で多様な疾患は他にないのではないかと思いながら、コミュニケーションを取っています。

それぞれに見える世界が違い、それを見る能力も違います。なかには、物の形さえ異なって見ている人もいるように思います。

この認知症の個別性をわかりやすくする上で、わたしは「認知症」と言うより、「認知機能障害」と言うことを心がけています。理由は、機能はそのレベルや、実行するための能力、範囲や、質・量についても考えやすいからです。物忘れがあるというだけでは、どの程度の機能障害であるかわかりません。つい最近の記憶であるのか、昔の記憶であるのか、そういった一つ一つをはっきりさせることで、介護もどのように携わればいいかがわかりやすくなります。

一般に、認知症は、なにもかも忘れてしまったりわからなくなると思われていますが、物忘れにも特徴があります。食べたことを忘れる人、場所や日にちや時間を忘れやすい人、トイレや玄関の場所がわからなくなる人などさまざまです。しかしそれも常時でなく、体調や機嫌に左右されるように思います。

他の疾患については、進行の段階で症状が変化するということを説明しやすいのですが、認知症の場合は、微妙に複雑で、一口では説明ができません。症状の観察と病気に対する理解力と、個人に対しての愛情が必要です。**また、どのような言動であっても、その人はいままで通りのその人であり、いままでの人生を経ていまがあります。**基盤になるのはその人の人生であり、いまの暮らしが1日24時間、365日、生活の上に展開されます。

支えているのは家族であり、介護職です。症状によってどのようなかかわり方が好ましいか、その答えは、一人一人に対して豊かな感性で接することと、人を愛する心にあるように思います。

介護は、果てしない航海のようです。
余りにも遠くて、いつか着くその町が
天国であるか地獄であるのか

知らないまま、航海が続いています。
昨日が今日に変わったことも知らず
わたしが誰で、自分が誰なのかも忘れて
笑顔と優しい言葉に導かれて
いつか着く夢の港に向かって。

施設での場面――記憶を引き出す

数年前までは、グループホームの利用者様と日帰り旅行を楽しむ機会を作っていました。年に1回ないし2回、ご家族参加のこの催しは賑やかで、忙しい中、やりくりしながら姉妹が全員参加されるという家族もあったほど人気がありました。親子といっても、認知機能が低下し始め、いままでと変わってしまった母親とのかかわり方を、どうしていいかわからないという戸惑いや不安があり、「どこへも一緒に出掛けられないので、母に申し訳ないと思っていました」と言って喜ばれる娘さんもありました。

出発の朝、排泄の介助、持ち物の点検、飲み物の準備と、スタッフは忙しくあれこれ気を配っています。その間、利用者様におだやかでない動きがあると、準備以上に大変になります。

気休めにしかならないでしょうが、そこに座っているだけでみなさんが落ち着かれたらと、ホールに座ってKさんと話していると、そこにひとりの男性が入ってこられました。一見してKさんの息子さんだとわかりました。

男性は勝手知ったる我が家のように、一礼してKさんのお部屋に向かわれます。わたしは「Kさん、いまの方、どなたかしら?」と聞いてみました。すると「さあ。ちょっとわたしに似た顔をしてましたなー」と。思わずわたしも、「そうですね。似てましたね」と言って二人で笑い合いました。はっきりそうだとは言えない、それでもなんとなく息子のようだ、息子だと確認したい。そんなKさんの思いが伝わってきました。「息子さんですよ。今日は一緒に参加してくださるんですね、嬉しいですね」。すると、「そうですやろか、ちょっと見てきます」。そう言ってKさんは、自分の部屋に向かってゆっくり歩いて行かれました。後ろ姿に、母親であるKさんを見たように思います。

車椅子に乗せられて、すべてを息子さんに任せながら安心しきったKさんの表情は、普段ホームで過ごされている時の警戒心や緊張感はなく、ゆったりと寛いでおられるように見えました。

Kさんのように、認知機能障害があっても、会話のできる人の場合、ある場面で清明になり、健康時の記憶に戻られる瞬間があります。この瞬間を長く維持していけるように、会話の中でその人の家族や趣味など、その人の思い出や、喜びに繋がる大切な話題を見つけ、気分が湧き上がるように会話を盛り上げていくと、行きつ戻りつの、あやふやな状態ではありますが、比較的穏やかな時間を過ごしてもらうことができます。

その場合、その人の会話に対する反応、表情、そこに表れる自発的な言葉や、全身から自然に出てくる、手をはじめとする体の動きや仕草をしっかり受け止めます。できるだけ気持ちをそらさないように付き合うことも大切で、周囲がざわめくとすぐに興味がそれてしまいます。

落ち着いて向き合い、いままだ残存している記憶や知識、感情などを引き出すということに気持ちを集中すると、晴れ晴れとした表情に出会うことができます。

時には涙ぐまれることもあります。機会あるごとに、こうしたかかわりを持ちながら、生き生きとした時間を少しでも長く過ごしていただきたいと考えています。

この日、Kさんは、息子さんと一緒に、和やかな表情で話をしながら、今日しかない、あるいは今日が最後になるかもしれない日帰り旅行を楽しまれました。

認知症になった父、あてもなく歩く人に寄り添う

認知症はある日はじまります。

わたしの父も認知症になりました。

もともと病気知らずの父だったのですが、70歳の時に腸間膜血栓症のため、小腸の大部分を切除する緊急手術を受けました。それまでは病気一つせず元気で農業に励んでいました。手術を担当された医師はもちろん、みんなもうだめだろうとなかば諦めていましたが、奇跡的に助かり、その後10年間はぼつぼつ田畑の仕事を手伝っていました。

ところが、80歳頃から体調が思わしくなく、検査の結果、免疫異常とのことで、

ステロイドなどの治療を受けるようになりました。

それからは問題なく普通に過ごしていました。ある時、わたしたち家族と一晩泊まりのキャンプに行ったのですが、その夜は息子家族とわたしと父が同じ部屋で休みました。夜中に物音がして目が覚めました。見ると父が、外に出ようとドアの前に立っています。どうしたのと聞くと、トイレに行くと言います。当時、父の住む実家のトイレは、家の外にありました。普段と勝手の違う間取りやドアの前で戸惑っている様子でした。トイレは父がそのとき立っていたすぐそばにありました。こんな場合、声を荒らげたり、いきなり注意してはいけない、そう思い、静かにトイレのドアを開けて、父を誘導しました。トイレに入っても、「おかしい」と言って少し反抗気味でしたが、間もなく落ち着いて、「寝ぼけとったんか」と、普段の父に戻りました。疲れや見知らぬ環境でのせん妄状態だったのかと思います。

2回目は、宇治のわたしの家に滞在していた日のことです。仕事から帰ると、父がいないので、息子夫婦と甥夫婦も集まって、あちこち探しまわっているというので、すぐに警察に連絡し、もう一度近場を手分けして探しましたが、気配さえありません。

12時過ぎ、電話がありました。警察からでした。「お宅のおじいさんではないかと」。早速警察署に走りました。電話の話から父ということは確認できましたが、いままで通り元気なのか心配でした。

父は、警察の受付の前で椅子にゆったりと腰掛け、まるで昔からの馴染みの家にでも来ているような安堵した表情で、ニコニコしながらお茶をいただいていました。

当直の警察官が、「孫がここで働いているので見に来た、と言われるのですが」と。警察官は父の話が理解できないのか、あるいは認知症と疑っているのか、よくわからないようなけげんな表情で、父が訪れたときの状況を話してくださいました。ちょうどその頃、兄の次男は警察官として働いていましたが、すでに他所に異動していました。

なにはともあれ、わたしたちは父が無事であったことに安堵しました。おそらく浴衣を着て無一文でうろうろと訪れた父の様子を、その警察官は認知症の年寄りと思われたのではないかと思いました。それでもお茶を出していただき、届け出のある老人ではないかと気づいていただき、普通に接していただいていたのだろうと感謝しました。

もしこの場合も警察官に怒られたり、父にとって不都合な言葉を浴びせられていたら、父は不安と苛立ちで動転し、普段の状態を維持できなかったのではないかと思いました。そして、15時間に及ぶ父の無謀な散歩も、「徘徊老人、身元判明」という、大きな新聞記事に変わるのではないかと思いました。

人としてなにより命が大切

どんなことよりも命が大切です。

戦争によって多くの命が失われました。

そのこともあって、戦後、命の尊さについては、何度となく話を聞き、考えさせられてきました。看護師になってからも、人としてなにより命が大切だと教えられてきました。

そこに、医療に携わる者としての誇りを感じてきました。

医療技術が進歩し救命率が高くなり始めた頃、当時は成人病の疾患管理が十分でなかったこともあり、脳梗塞や脳出血、あるいは高血糖や低血糖のために昏睡状態で病院に運ばれ、そのままの状態で長期間延命され、亡くなっていかれる高齢者にたびたび出会いました。

その当時、医療の進歩に期待し、いつか意識が戻るかもしれない、そんな希望を持ちながら、気管切開をして呼吸を管理し、高カロリー栄養を鼻腔や胃瘻から注入していました。

結果、皮膚の色艶も良く、なかには数ケ月後に少し機能回復が見られた人もありましたが、多くは植物人間のような状態で延命し、最後は誤嚥性の肺炎や心不全のために亡くなっていかれました。

その頃、わたしたちは、自分が夜勤のとき、あるいは担当する日には、呼吸が停止しないことを祈りました。自分のケアに問題がなかったか、自分のせいで亡くなられたのではないかと、自責の念にかられるからです。そして、「呼吸停止があれば、気管切開をしなさい。あるいは、太い注射針をのどから気管に突き刺して気道を確保しなさい」と、夜間、当直医が来られるまでの緊急対応として、そのような指導を受けたことさえあります。死なせない、それが最優先の時代でした。

昔は家で看取ることが多かったのですが、高齢化が進むにつれて、病院に入院して死亡する方が多くなり、国は、在宅での看取りを進めるため、訪問診療にターミナル加算が認められるようになりました。先日テレビを見ていると、厚生労働省が「人の死とはどういう状態か」ということについて検討に入ったというニュースを報じていました。

京都で、余命が短いと宣告された高齢者が「死なせてほしい」と懇願し、医師が「楽にしてあげたい」という気持ちから死の処方を選択したということがありましたが、それが火をつけたのかもしれません。

核家族化や平均寿命が延びたこと、少子化などが影響し、介護の問題が深刻であることも影響しています。昔は嫁が世話をしましたが、100歳まで生きると、息子や嫁も80歳近くになり、介護ができる健康状態かどうかわかりません。

また、孫といっても核家族ですから、孫を膝に抱いたり、おんぶしたりしたことのない祖父母が多くなっています。一緒に暮らしてこそ最後まで看取るという気持ちになれるのであり、いまや一緒に暮らしたことのない孫は他人と変わらないといいます。

平成3年、わたしは医療から介護の道に軸足を移しました。

当時の福祉は、措置時代でした。措置とは、貧困者や生活困窮者に対してその生活問題を国が取り計らう制度でした。当事者や家族の身体機能や病状、希望は配慮されなかったのです。つまり人が「もの」と同じように数で贖《あがな》われた時代で、そのことへの苦言はいえなかったのです。

介護保険になって措置から契約に変わりました。病気や障害の状態、経済状態も評価され、当事者に必要な介護状態によって、介護保険で介護を受ける範囲が決められます。つまり自分の状態や能力によって、必要な介護が選択でき、サービスが利用できるようになりました。

契約については、ケアマネージャーがその状態を評価し、国の判定基準に従って会議にかけられ、要介護度が決められます。

医療保険は医師の判断に任せられますが、介護保険の場合は、この様に細やかなルールを経て介護サービスの利用にいたります。措置の時代と比べると当事者の権利について配慮されるようになってきたと思います。

わたしが特養の施設長になった当時は、介護保険がスタートした頃でしたから、措置時代の名残を引き継ぎ、介護度も要介護1・2の方や、比較的元気な高齢者も入所されていました。

状態が悪くなり、看取り期になると、家族も毎日のように訪れ、残り少ない時間を親孝行したいと泊まり込んで世話をされるなど、高齢者と家族の関係が今より緻密であったように思います。

ところが、とくに先般のコロナ禍から、このような光景は施設から遠ざかりました。面会の人数制限、面会時間制限、或いは窓ガラス越しの面会など、家族にもまた施設の介護職の心にも、おおくの消えさらない傷を刻んでしまいました。

最近、ようやく時間を決めて面会ができるような状態にまで戻ったようですが、それぞれの人生最期のときにこのような形でしか会うことができない状態が悲しく、もどかしくおもいます。

70年余の医療福祉の現場を歩んできて初めて経験する忘れられない光景でした。

認知機能が低下するとき寄り添いながら生きる

中田さんという女性に初めて出会ってから4年ほどになります。

その頃、彼女は、デイサービス利用者様のリーダーのような存在でした。食事のテーブルを拭いたり、みんなの先頭に立って体操をしたり、歌を歌ったり。わたしが、デイサービスの一日の流れを教えてもらったのは、スタッフではなく彼女からでした。

当時から参加されている杉山さんも、「あの頃、中田さんはしっかりされていて、みんなの世話をされていたので頼りにしていました」と残念そうに話してくださいます。若い頃はきっとチャーミングな方だったんでしょう。くっきりとした、つぶらな瞳を瞬かせながら、ばたばたと廊下を往き来されていました。若い男性スタッフに、「おい、なにしてる」「馬鹿言うんじゃないよ」などと親しみをこめて声をかけられます。

彼女に初めて出会った頃は、ご自分の名前もしっかり書くことができました。計算問題を解いてもほぼ100点でした。

それから2年ほど経過したある日、足し算と引き算ができにくくなっているのに気づきました。

答えを書き入れる欄の中が、ボールペンで塗り潰されていました。

わたしは、さりげなく名前を書く欄をさして、「ここにお名前を書いてくださる?」と声をかけました。そのときはひらがなで名前が書けました。

わたしが中田さんの計算や判断力の低下に気づいたのはそのときが最初です。涙が出るほどショックを受けました。いままでは、少し声をかけたり、アドバイスをすれば、ほとんどのことが自分でできる状態でしたのに。できるだけこの状態を長く維持していきたい。そう思って、折々に気をつけて、失敗したり、理解に困って混乱されないように、目を配ってきたつもりでした。

それなのに、いつの間にか彼女は認知症の症状が進んでいました。わたしは、このとき、週3日しか出勤しなかったため、日々の状態が把握できない自分を僡んだものです。

それから3年ほど経過し、彼女の身体能力はそれほど低下しないものの、認知機能はずいぶん低下してきました。

いままでは、歌詞カードを見なくても空で歌えた歌の歌詞が出てこない様子が見られます。躊躇《ためら》いの表情を見て、わたしが、ワンテンポ早く次の歌詞を中田さんに聞こえるように歌っていくと、笑顔で楽しそうに歌い続けられます。次の歌詞が浮かばないと、「もうやめるわ、こんなつまらんこと」と席を立とうとされます。そんなときは、中田さんの十八番、たとえば炭坑節などに切り替えて歌うようにすると、途端に元気になり笑顔が戻ります。そのときのほころびたような笑顔が、他のみなさんの表情にも広がっていきます。

認知機能の低下は年々進行しています。それでもその瞬間ちょっと気をつけて中田さんの気持ちに焦点を当ててみると、その場の雰囲気が明るくなります。

ある日、その中田さんが受診のためお休みされました。他の利用者様が、「あの方お休みですか。いらっしゃると、怒られたり怖い顔をされたりしますけど、いはらへんとなんだか寂しいです」と仲間同士で話しておられました。中田さんは、認知機能がかなり低下した状態のいまも、同じ参加者の人たちにとって大きな存在であると感心しました。

わたしたちは、このようにして、認知機能の低下していく人の心をまるで宝物を探すように丁寧に探っていきます。笑顔や和らぐ表情を見逃さないように注意しながら、明日のケアに生かします。

自分自身の喜びやエネルギーに変えながら、一人一人に寄り添っていきます。

人生の最期、こうして寿命は訪れる

現在、特別養護老人ホームは、要介護4・5でなければ入所できなくなりました。入所の理由は、在宅での生活や、介護ができないことが大半です。

かつては、高齢者の暮らしの場であった特別養護老人ホームが、終の棲家になるのだと思いました。それでも、当時は、食事が食べられなくなると入院を勧めたり、また、入院を拒まれる人は、施設で高カロリーの点滴をしたり、酸素吸入をしたり、胃瘻からの栄養補給に努めるなど、できる範囲の積極的な医療とケアをしていました。

介護保険が始まって6、7年目からだったと思います。慢性的な重症傾向で延命する高齢者の場合、治療より、暮らしのＱＯＬが重視されるようになりました。入院も、施設入所も、在宅での暮らしにしても、その人らしく暮らせるように環境を整え、虐待や差別のない暮らしを続けられるように、社会全体で考えるようになりました。

延命しても、生きているとはいえないような状態であれば、積極的な医療を行わない、その代わりに、その人がいままで歩んできた暮らしを大切に、安心できる暮らしの場にしていこうと、生きているいまを大切にしてケアを行うようになりました。

いま、わたしは、平均年齢87歳の高齢者施設で介護の仕事を手伝っていますが、元気な方は食事の摂取量が案外多いように思います。加齢とともに、食事中、目が開けられなくなったり、飲み込みが悪くなると、多くの場合、間もなく、口の中にほおばったまま飲み込めなくなります。脳の働きが悪くなり、五感の働きが急速に衰えるのです。

このようになるとベッドに横になっていただき、少しずつ食べていただきますが、再び座位で食事がとれるようになる人は少なく、次第に体力も気力も衰えていき、早い場合は1ケ月以内にお亡くなりになることもあります。若くて体力のある人の場合、長くて6ケ月から1年頑張られる方もあります。

食事が入らないと、体はみるみるうちに枯れていきます。食べ物が入らなくなりますから、口腔内の清潔に気をつければ、呼吸の出入り口である気管支周辺が綺麗ですから、呼吸状態が最後まで楽そうに見えます。おそらく苦痛は感じておられない状態だと思います。

このように安らかな状態は、そばで見守る家族にとっても安心できます。以前はなんとか1日でも長くと、点滴をしてほしいとか、入院をとのご希望も聞かれましたが、病院で点滴を受けて体全体がむくみ、床ずれを作って、痛みや苦痛の原因を作りながら亡くなられたケースも多く、いまでは自然にお迎えを待ちますと希望される家族が多くなりました。

呼吸の乱れは半日から1日、最後は肩や下顎で努力呼吸をされるようになり、次第に血圧が低下し、間もなく死の時が訪れます。

ほとんどの高齢者は、それぞれの人生をやり遂げたという達成感に満ちているように見えます。また、思い残すことがないためか、美しく、優しく、安らかなお顔で、最期の時を迎えられ、あらゆる雑念を放下して、恋しく懐かしい人たちの待つ新しい世界に向かって急がれます。

胃瘻を作るか一匙のご飯で命に寄り添うか

先にも書きましたが、わたしは昨年7月と9月に転倒しました。10月は1ケ月休み、いよいよ働くことを諦めなければと考えていました。職場までは、家を出て最寄りの駅までタクシーで15分、電車に乗って勤務先に近い駅に着くまで約25分、乗り換えのための時間や駅から施設まで迎えに来ていただく時間を合わせると15分から20分かかります。動きやすい施設内でさえ転倒するようになったのですから、通勤途中での転倒も心配です。今後どうするかと迷い、いろいろ考えた挙句、この機会に働くことを諦めよう、そう決めていました。

もちろん介護職として利用者様とかかわることや、若いスタッフと話し合いながら介護をすることが自分の性に合っていて、諦めきれない思いもあり、堂々巡りで10月も終わりに近づいたある日、職場の施設長から、週に1日でも出てきたほうが、気持ちの持ち方の上でいいのではないか、利用者様たちも、あなたの元気な姿を見て頑張ろうと思われるのではないか、とのお話をいただき、ようやく週1日出勤することに決めました。

週1日となると、いままでの週3日と比べると、よほどセンサーを張り巡らさないと、いまの状態が把握できなくて、日々の状態とかけ離れた見方や考え方をしてしまいがち。果たして、いままでのような仕事ができるのだろうかと、不安もありました。

水曜日、いつものように認知症対応型のデイサービス（認知症と診断を受けた人を対象に個別的介護を進める通所サービス）で利用者様と話し合っていると、特別養護老人ホームのリーダーが「勝子さんのご家族が相談したいことがあるそうです」と誘いに来ました。

ホームに入所されている勝子さんのご主人でした。

「最近飲み込みが難しく、口もなかなか開けなくなった。ドクターに相談したら、『胃瘻を作るならいましかない』と言われた」。医師から、「いま体力があるうちに」と説明されたようです。

ご主人は、「そのことはよく理解できるが、胃瘻を作るべきか迷っている」とのこと。迷う理由は、息子は胃瘻を作らないことに同意しているが、娘が、「胃瘻から栄養を注入すれば体の状態が良くなって、まだまだ生きられる、一日でも長く生きていてほしい」とおっしゃっているのだそうです。

ご主人は、「自分のことは以前から決めていて、胃瘻は作らないと息子にも話してある。ただ、家内は早くに認知症になり、胃瘻について話し合う時間がなかった」とのこと。

意思決定について、このように真剣に考えておられるご主人に敬意を表しながら、お話を聞きました。

わたしは、「介護はコミュニケーションを軸にした職業だと考えています。経口的に食べていただくためには1食に約1時間の時間が必要です。3食介助するためには、1日に3時間、ひとりの介護職がひとりの利用者様につきっきりになります。

胃瘻を作ると、ボトルの栄養食を胃瘻に繋いだり、終わったらボトルを外して胃瘻の手当をします。食事に関するかかわり方も、時間もまったく違ってきます。また経口的に食べられた場合、口腔内の清潔にも十分注意をします。食べ物を匙で送りながら、声をかけ、表情や反応を観察しながら介助を続けます。そばに寄り添ってくれている、その気持ちは人間にとってなによりの喜びではないでしょうか。ただ寄り添うだけでなく声をかけて、瞳の動きや、口腔内に食べたものが残っていないかなどを観察しながら介助するのですから、この時間はとても人間らしく貴重な時間だと思います。健康なときでも、これだけの時間、そばにいて話しかけてもらえることは、めったにないのではないでしょうか。

たとえ命が短くなったとしても、管から栄養食を注入されるのを見守る介護だとご本人は無反応です。

一匙ずつ食べさせてもらうという介護とは雲泥の差があります。いつまでも生きていてほしい気持ちはわかりますが、栄養食に変えたから必ずしも安全であるとは限りません。加齢とともに感染症に対する予備力や抵抗力が弱くなり、基礎疾患が悪化したり、感染症に罹ったりする恐れもあります。

介護職としては、**その人らしい命の質を大切に考えていきたい。**お決めになるのはご家族ですし、どちらを選択なさっても介護を続けさせていただきますが、できることなら、いまの美しい奥様の姿のままできるだけ長く生きていただきたいと願いながら、ご家族と一緒に頑張らせていただきたい」とお話ししました。

また、毎日のように面会に来られるご主人も、管から落ちる栄養食と、無表情な奥様の顔を見ているだけでなく、「美味しいか？」「お腹一杯になったか？」などと話しかけながら、一緒に喜んだり苦しんだりすることがなければ、あまりにも切ない感じがします。

介護職も、たとえ2日に1食であっても、「ぜんぶ食べてくださった」と、その達成感があってこそ、やりがいや喜び、介護職としての誇りが自覚できるのだと思います。

人の心と手でするケアを、わたしは素晴らしい仕事だと思っています。

コラム　「認知症の薬」

認知症の進行を遅らせる

昔にくらべて認知症の人への世の中の見方も考え方も随分変わったように思います。

以前は、認知症は怖い、なにもわからなく、なにもできなくなる、みんなに迷惑をかける、など、好ましくない印象が強く、いまではどちらかというと家族内で隠されたり、地域から遠ざけられたりすることが多かったのですが、最近医学的にも介護の面でもいろいろ研究が進み、多くの病気と同じように、症状が穏やかになったり、進行を遅らせることができると考えられるようになりました。

平成27年春、京都大学の医学部から、大脳皮質に付着するβアミロイドというタンパク質を吸引することで、脳の細胞の減少を防ぐという報告がありました。

また大阪の国立循環器疾患研究センターでは、脳梗塞の予防に抗血小板薬(シロスタゾール)を使用して、βアミロイドを血管壁を通して洗いながすことが可能だと報告していました。

いずれも徐々に研究が進み、認知症を発症させないための大きな朗報だと思います。

認知症と言われる疾患の中でも、その約7割はアルツハイマー型だと言われています。

このようにアルツハイマー型認知症が多い理由は、治療方法がいま現在確立していないからだと言えます。

2023年春に、アメリカではすでにアルツハイマー型認知症の治療薬としてレカネバブが使用されているとの報告があり、日本でも治療に使われるようになりました。多少の副作用も報告されていますから、安全面でいましばらく慎重でなければと思いますが、より多くの人が治療を受けられるように、いっそうの研究を重ねていってほしいと思います。

とはいえ、いままで、症状を抑えたり、進行を遅らせるに留まっていた治療に、予防し治療するという、新しい希望の光が差してきたことを喜び、さらに安全で効果的な治療方法が確立されるように、心から願っています。

第四章

介護する人、される人

介護する人、される人
家族が幸せになるヒント

24時間365日続く家族介護、とくに認知機能に障害のある家族の場合、心が届いているのかどうかもはっきりしない状態で、探り探りの毎日だと思います。

認知機能が低下すると、介護なさっているご家族が、そんなことをしては危ないからと危険を感じて差し出された手が、ご本人には襲いかかる凶器に見えたり、危ないからと制した声が、叱られ怒鳴られているかのように聞き取られたりして、不穏や興奮をかき立て、穏やかな日常を嵐のように波立たせます。

また、トイレの場所がわからなくなって、ズボンの中がびしょ濡れになっていたり、とんでもない場所にお供え物のように排泄物が置いてあったりと、繰り返されるハプニングに、気持ちの休まるときのないご家族もいらっしゃると思います。

いつまで続くか先が見えなくてやりきれない不安。そんなとき、どうか家族だけで、あるいは、おひとりで考え悩まないでください。昔と違って、いまは福祉にもそういった悩みに対応できる制度があるのです。遠慮なく医療や介護の専門家に相談してみてください。病院相談窓口や包括支援センターは必ず話を聞いてくれます。症状の度合いや、経過などによっては、すぐには期待できないかもしれませんが、小さな出口が必ず見つかります。その小さな出口から、これから先のご家族の幸せや、穏やかな暮らしに戻るヒントが得られると思います。

仲の良いご夫婦で最後まで自分が看なければと頑張って、結局介護しておられる奥様が先に病気で寝込まれたため、離れて住んでおられたご家族が、慌てて相談に来られたことがありました。

介護するほうが元気なうちに、病気のご本人に介護サービスに慣れていただくことが大切です。仮に介護者が病気になられた場合でも、日頃利用されて、慣れておられるスタッフの中で暮らすことができれば家族は安心です。

人は不死身ではありません。**元気で最後まで介護ができるという保証はどこにもありませんが、今日会えなくても、明日は会えるという喜びを繋げていくことは可能だと思います。**離れておられるご家族も含めて、家族のみなさんが安心できるように、それぞれの暮らしを大切に、無理をしないで、元気で明るく少しでも長く暮らせることを考えていただきたいと思います。

プロの仕事ができていますか

昭和50年頃のこと、わたしは駆け出しの総婦長でした。できるだけ患者様の様子を把握したいと、現場に出向くように心がけていました。

その日は、長い間入浴のできなかった青年を自宅に迎えに行き、機械浴槽で入浴させてほしいとのことで、あらかじめ予定が入っていました。青年は、目が見えず耳も聞こえにくく、会話も困難な状態でした。それでも、久しぶりにお風呂に入れるということは理解できているようで、ご本人も楽しみにしておられる様子でした。

青年を乗せたストレッチャーが、病院の玄関から機械浴のできる浴室に向かう間、青年の体は緊張していたのでしょう、胸の上に置いた手の指は固く握られ、ストレッチャーの振動のたびにかすかに震えているように見えました。その都度、少し揺れます、段差があります、と声をかけてはいますが、届くはずがなく、そのたびに腕を静かにさすり、気分を落ち着けてもらえたらと思っていました。

いよいよ浴室に入り、湯加減を見ながら湯船に体を沈め、全身がお湯で包まれました。固く握られたこぶしをわたしの手でしっかり包み込みながら、声をかけたり、軽くさすったりしながら、無事入浴をすますことができました。洗いたての肌着を身につけると、初めて青年の頬が緩み、わたしの手の指をしっかり握り返し、笑顔を見せてくれました。

見えない、聞こえない世界を想像しながら、無事に入浴を終えた青年の気持ちが、スタッフへの信頼感となって返ってきたのだと思いました。

その翌日、わたしは美容室に行きました。綺麗にカットしてもらいブローが終わると、普段より美しい自分に出会いました。

「綺麗にしていただいて、いつもこんなに綺麗だったらいいのですが、自分ではうまくできなくて」

わたしがそうつぶやくと、その美容師さんが、「みなさんがご自分でできたらわたしたちはいらなくなります。だからわたしたちがプロでいられるのです」と答えられました。

わたしは自分の職業の専門性をしっかり考え、プロとしての意識を持っておられるこの美容師さんのプライドを見事だと思いました。そして、前日の入浴介助を思い出しながら、プロと言える介助ができていたかと、振り返りました。

同時に看護や介護の仕事について、病気や老いに苦しむ人に対し、「だからわたしたちがプロだと社会から認められているんです」、そう言えるような知識や技術を持って仕事に向き合わなければと思いました。

施設で人生の最後に寄り添う

ある年の9月、施設で亡くなられた方々のご家族を招いて、担当した職員と一緒に、「故人を偲ぶ会」を催しました。

木村さんの奥様は、認知症で徘徊があり、自分のものと人のものの区別がつかなくなって、まわりを混乱に巻き込む状態になられていました。一時は家庭崩壊も案じられたものです。それでもできれば家族で看ていきたいと、家族介護を続けておられた木村さんは、偲ぶ会に参加され、「もしこの施設がなかったら、わたしたちの家族は崩壊していたかもしれない」と語られました。

「妻が認知症になったのは、この施設ができたのとほとんど同じ頃でした。はじめはなんとか家族で看ていこうと考えていましたが、長くなると、家族の関係も悪くなり、先のことが不安になりました。思い切ってデイサービスを利用しましたが、転倒し入院、そのあと寝たきり状態になりました。

退院と同時に特別養護老人ホームに入所しました。入所当時から食事介助はお世話になりましたが、だんだん飲み込みが悪くなり、再三入退所を繰り返し、家族もできるだけ訪問して食事の介助をしましたが、さらに飲み込みが悪くなり、おまけにまったく意思疎通ができなくなりました。

どうすることが本人にとって幸せなのか、いろいろ考えさせられました。自分の気持ちを話せない妻がいじらしく、ずいぶん悩みましたが、結局、家族で話し合って、胃瘻に踏み切りました。

おかげさまで2年ほどは、栄養状態も良くなり、皮膚もつやつやとして、傍目からは元気そうに見えました。しかし、それもいつまでも続かず、4年目には肺炎を起こし、数年間お世話になった施設で、穏やかに最期を迎えました。

この間、介護職員さんに大変お世話になりました。会話ができず、自分で体を動かすこともできない妻に、いつも変わらず、優しく声をかけてもらい、家族にはできないような行き届いた介護をしていただきました。

この間、わたしたち家族は『介護って仕事は、すごい仕事だね』といつも話していました、気持ちをコントロールし、どのようなときも穏やかにケアをする姿に頭の下がる思いがしました」。

そして、ご主人は、「喜びも哀しみも訴えることのできない妻、美味しいものも、嬉しいことも、嫌なことも、黙って受け入れている妻が、なんのために生かされてきたのか。そう思うと、胃瘻を作ってまで長く生きてほしいと思ったことが儚く、妻にとって本当に良かったのかと思えるのです」と話されました。

ご家族にはご家族の苦悩がおありだったのだと、認知症の末期のケアや看取りについて、改めて考えさせられました。

どのような人にも、多くの繋がりがあります。その人が生きてこられた道のりには多くの人との出会いがあります。時に共感し、時には反目しながら、たくましく、いまを迎えておられるのです。

どのような状態の人であっても、それぞれに大切な人生があります。その大切な人生と、専門性をもって、生身でかかわる、それが介護の仕事です。ただ日常生活の支援というだけではありません。その人の人生にまで踏み込んで考える、個人に合ったケアを編み出す素晴らしい職業なんだと感じることができました。

わたしたちにとっては、あまりにも当たり前の世話なのですが、それをすごい職業だと評価された冥利を、介護職を授かったご褒美として、心から嬉しく思いました。

生きることを支える介護という仕事

介護保険が始まって間もなく、脳卒中の後遺症で片麻痺のあるご主人を3年間家で介護してこられた幸子さんが、「介護保険制度ができて、訪問看護の制度ができたから、お父さんを最後まで見てあげることができました」と、そう言って喜んでくださいました。

当時は、まだ2世代同居の家庭も多く、住み慣れた家で家族が最期を看取るのが当たり前、という考えが一般的でした。

それから10年。いままでの2世代、3世代家族はずいぶん少なくなっていました。

ある日、母親が老人ホームに入所して亡くなったという女性が、「最後は病院に入院し、病状が悪くなって3ケ月、面会には行かせていただきましたが、1日もそばにいて世話をすることができず後悔しています。せめて一晩でもそばにいて、世話をさせてもらえたら、こんな寂しい気持ちにならなかった。残念でなりません」と話しに来られました。

その時、介護保険制度は、国民の介護負担を軽くするのが目的であったのですが、それと同時に、日本の家族制度や介護という文化を変えてしまったと思いました。そして、これは、将来の労働力の不足からくる国の経済安定化の施策であり、介護を受ける高齢者とその家族の気持ちに寄り添った制度ではなかったのでは、と思いました。

確かに少子高齢化が進み、介護保険制度がなければ、高齢者の在宅介護は困難になることは明白でした。一組の夫婦が、夫の両親と妻の両親の4人の老後と付き合うようになると言われていました。それから10年も経たない現在、人生

100歳が現実となり、場合によっては、孫が祖父母と両親の老後にかかわらざるを得ないという状態も稀ではない時代になりました。

常に10年先を予想しながら、これからの計画をと考えてきましたが、いままでは1年2年というタイトな中で、状況は大きく変化していきます。一つの計画の変更や新しい制度の導入が、人々にどのような影響をもたらすか、どんな波紋が生じるかを考え、国防や経済、国際化など、国のメンツだけでなく、それぞれの制度が市井の人々の暮らしや心に、幸せを運んでくるように、その時代背景を考えてもらいたいと思いました。

介護は、医療と異なり、治癒や退院がありません。出会いはその人生との付き合いです。家族の介護も、職業としての介護も同様。一緒に暮らし、美しい旅立ちまで切れ目のない仕事です。

生産性のない仕事ですから、社会的に評価されがたいところがあります。しかし、人間の生活の土台を支えている職業だと思います。**体を病む人も、動けない**

人も、見たり聞いたりできない人も、心を病む人も、貧しい人も、介護という支えによって安心して暮らし、専門職と出会うこともできます。医師の治療経過の背景には介護の力があります。一服の薬を上手に飲んでもらうことも、一口の食事を口に運ぶことも、病気の人や気力のない人、認知機能障害のある人などの場合、特別な技術が必要です。気持ち良く暮らせるようにオムツを替え、体調が悪いときは早くそれに気づいて専門職に繋ぐのも介護です。

まるで敷石のように人の安心と安全の土台になって「生きる」を支えている介護の仕事を、自分のこととして考え、理解してほしいと思います。

コラム

「認知症カフェ」 壁のない居場所に来てください

みなさんは「認知症カフェ」という場所があることをご存じでしょうか。

2015年に、厚生労働省がオレンジプランを策定、各自治体が初期認知症対応型カフェを各地におきました。物忘れなどで不安のある人やその家族が、どこに相談したらいいか分からないときに、気軽に訪れ相談できる場所です。和やかな雰囲気の中で、交流を図り、病気や介護、仕事や生活について家族と一緒に話し合い、理解しあえる場所となっています。

わたしの携わっている宇治市のカフェは、1．社会参加。2．ピアサポート。3．医療による初期スクリーニング。4．家族支援。であり、地域のボランティアも参加し、お茶を楽しみながら話し合ったり、認知症について勉強したりしながら、認知症になっても住みやすい町作りを目標とし活動に繋げています。

つまり認知症カフェとは、社会福祉法人、医療法人、NPOなどが提供する場所で、認知症の人や家族、地元の人たちなど、あらゆる人たちが集まって、お菓子やお茶を飲みながら自由に交流する場所です。

認知症カフェは、２０１４年から①介護離職をなくす、②家族介護支援、③住み慣れた地域で暮らし続ける、というオレンジプランの3本柱を目指して日本中で取り組まれ、急速に増えていきました。

6年ほど前、仙台にある認知症介護研究センターが、全国に６５０ケ所ある認知症カフェについて、当事者や家族から見た効果を調査し、その結果を報告しています。

それによると、当事者から見たカフェは、

・安心できる交流の場所
・みんなと話をし、同じことができる場所、ありのままの自分でいられる場所
・いままで通り地域の人間として受け入れられ、交流できる場所

であるという結果が出ました。また家族は、同じ悩みを持つ仲間と話し合え、自由になれる場所であり、ピアカウンセリングの効果がある、と。

この結果を見て、認知症を病む人たちは、いままで一般の人に認められていない自分を感じてこられたこと、そしてカフェは、本来の自分に戻り、他の人たちと話し、同じ時間を共有できる充実した場所になっていると考えることができます。

わたしは、現在、宇治市の「認知症になっても、住みやすい優しい町づくり」を目指す

仲間として、みんなで考え支え合える町づくりにボランティアとして参加しています。

もともと認知症カフェは、ただ癒しの場だけではなく、できるだけ今までの暮らしに近づけること、能力や技術を活かし積極的に社会に貢献したいという声から始まっています。今では理解のある事業者と連携して作業を提供したり、モノづくり等で対価を得ている人もいらっしゃいます。

宇治市の認知症カフェでも、社会参加やさらには就労にも繋がる初期支援プログラムとして、認知症本人や家族、専門家、地域住民等が参加し、各々のやりたい事やできる事などを〝モノづくり〟を中心にお茶摘み、カフェの手伝い、小学生への認知症の人との接し方の授業などに挑戦しています。

認知症であっても、障害を持つ人であっても、それは特別なことではありません。地域の誰もがそうなるかもしれないのです。同じ立場で生きていることを自覚しなければと思います。一緒に悩み、一緒に笑い、できることは一緒に取り組み、できないことは手伝い合って、支え合いながら生きていかなければと思っています。

第五章

終いのときに寄り添う

どういう死を人は迎えるのが幸せなのか

あなたはご自分の死について考えられたことがおありですか。

この本を執筆するにあたって、「どういう死を迎えるのが幸せか」という問いを前に、わたしは佇んでしまいました。

看護師として、また介護職として、これまで多くの死に出会ってきました。

その都度、祈ったことは、どんな人も、最期は穏やかで幸せな死であるようにと……。親のいない人も、家族のいない人も、また親に先立つ人も、幼子を残して旅立つ人も、いま迎えられる運命を受け入れ、静かに旅立ってほしいと思ってきました。

なぜなら、もし命を長らえても、いまより幸せであるとは約束できないのですから。そう考えて、ならばいまが最高に幸せな時にしなければと願うのです。

わたしたち介護職員が、患者様、あるいは施設を利用される高齢者と出会うことは、まったく約束のない出会いであり、摩訶不思議な縁であると思うのです。世界の何億、何千万という人の中から、目の前のひとりの人と向き合い、その人生の最期の瞬間にかかわるのですから。

その縁の深さと不思議さに、命の尽きる瞬間まで、心を尽くさなければと思っています。

せめてわたしの手で最期を看取ることが幸せな最期だと思っていただけるようにお世話したいと考えてきました。

わたしと一緒に働いていた何人かの職員が、介護職になった頃は看取りの場に出会うのがためらわれましたが、今は自分の勤務の時に最期を看取らせていただきたいとおもえるようになりました、とよく話してくれました。人生の最期を看取らせていただくことに心をこめる職員の姿に感動することもありました。わたしたちは、死にゆく人の一番大切な時に出会うことに最善を尽くすとともに、尊い役割だと考え、看取らせていただいています。

その人が、できるだけ苦しまずに、やむを得ない場合を除き、傷や床ずれや、体の拘縮などがない状態で、穏やかに美しく旅立っていただけるように、日頃のケアも心がけています。できるだけご家族にも来ていただき、話ができれば話をしていただけるように、家族関係や、愛情が疎遠にならないようにとお話ししています。

事故や特別なことでない限り、託された命を最善の状態でお葬りしたい。そしてそのことは、わたし自身の死についても同じです。

できることならば、最後まで意識のある状態で死にたいと思いますが、もし判断ができなくなるのであれば、それは最後の2・3日であってほしい。それまではそばにいる人が、耳元で優しく歌を歌ってくださったり、懐かしい昔の話を聞かせてくだされば、静かに眠れるような気がします。

幸せな死について語るとすれば、それは、その人を介護した人や残された家族が、穏やかで良い人生だった、美しい最期だったと話し合えるようなしまい方ではないでしょうか。わたしは誰ひとり不幸な死を迎えていただきたくない。誰もがその人らしく、納得のいく最期を迎えられた、といえるように看取らせてもらいたいと思っています。

また、そういう意味で、戦争の犠牲になった多くの命が惜しまれてなりません し、戦禍の中で、死の恐怖に追いやられる人たちのことを思うと、一日も早く戦争がない平和な世の中になりますようにと祈らずにはいられません。

告知に寄り添う

わたしたちの職業は、余命数ケ月、あるいは一月ですと医師から告知された人と出会い、その人に残された短い時間に寄り添うことの多い職業です。

本来現場で看護することが自分に合っていると思っているわたしですが、総婦長という立場上、患者様と直接話す機会が少なく、現場で困ったり、迷ったりした場合に、看護師や介護職あるいは責任者から話を聞くことになります。

話を聞くと、わたしはその話をいったん白紙にし、その方のご家族やお知り合いの話を聞くようにして、患者様の背景を少し頭に入れ、患者様とお会いするようにしていました。

「間もなく自分はこの世からいなくなっていく」。そのように告知された人は、いまこの瞬間を、どのような思いで過ごし、見つめ、考えておられるのだろう。そう思うとき、生と死の間での苦悩と正面から向き合わなければと思うのです。その患者様の本心に近づくためには、なんらかの感情が入ってはいけないし、先入観を抱いてその心に近づいてはいけない、そう思うのです。

看取り期が近づいた患者様は、個室を希望されます。お部屋に伺うとき、わたしはいつもその入り口で立ち止まります。まず服装を整え、さりげない笑顔で挨拶ができるか、自分の心に問いかけます。ノックは2回、返事がなければ、さらに2回ノックをしてから室内に入ります。

入り口で軽く礼をして近づき、挨拶と自己紹介をします。次いで、季節の話などを挟みながら、たとえば、「曇っていますが、ご気分はいかがですか?」など、ご本人の気持ちを伺います。それだけで、患者様の気分やいまの状態が、ある程度把握できるように思います。

痛みが強く、気分が良くないと感じられるときは、「改めて伺います」と言って引き上げるようにしてきました。会話ができると感じた場合は、たとえば、手を軽く握りながら、あるいは、肩や腕、膝に手をおき、静かに肩や背中をさすりながらゆっくり話しかけます。

経験の浅い職員は、このような場面で自分がどうすればいいのかためらい、「挨拶しても、なにも答えがない場合、自分はどのようにすればいいのですか?」といった質問をしてきます。

この場合、これという方法や答えはありませんが、自分がどれだけその人に近づけるかが、まず大切だと答えます。日ごろの介護の延長です。

看護師や介護職は、患者様や障害のある人に近づき、その手を取って話しかけたり、手を当てて熱がないか、痛みの場所はこのあたりですかと伺うことができる職業です。この様な仕事は他にはないのです。その膝に手を置いて話を聞く。職業としての使命があるから許される行為なのです。責任ある態度であると自覚しましょう。どうすれば少しでも気持ちが楽になるか、痛みが薄れるか、問いかけたり、背中をさすってみたり、体の向きを変えてみながら、思いを聴くようにします。体を寄せ合いながらコミュニケーションが取れる職業であることに感謝し、誇りに思ってほしい、といつも願っています。

背中をさすると、患者様は自分の背中をこちらに向け、さする手を待ち受けてくださいます。言葉がなくても、こうしてほしいという思いが感じられます。また職業上、感じ取れるようでなければと思います。

時には、かすかな微笑みが零れたり、「ありがとう」とつぶやかれたりします。患者様は、苦しいから、時には、誰かに苦情や不満を聞いてほしかったり、心細いからそばに来てほしかったりします。その気持ちを感じとることが大切です、と説明しています。

テキストにない、誰も教えてくれない方法かもしれませんが、間違っていないと思っています。

人生の最後に食べたいものはなんですか

現場が好き、人と話すのが好きだと、わたし自身そのように思っていますが、どちらかといえばデスクワークが多く、時間を調整しながら、病院や施設の介護の場に出向いてきました。

残念なことに、現場で働いている看護師や介護職のように、直接込み入った話が聞けることは少なく、ほとんどが、直接患者様にかかわって相談を受けているスタッフからの間接的な情報です。

時には大変な問題があり、どのように対応するかの相談もあります。また、かかわったスタッフの経験や感性によって、現場での患者様や家族の方の深刻な問題をひとりで受け止めきれなくて、話しに来る職員もいました。

少しでも気持ちが楽になればと話を聞きますが、聞くだけでは無責任に思えて、必ずベッドサイドに伺い、直接お会いしたり話をしたりしてきました。

なかには、末期状態で話すことができなくて、弱々しい視線で迎えてくださる方もあります。また、がんの告知を受け、残された時間を数えるように生きておられる方もあります。

とくに、がんの末期で痛みのある方は、鎮痛剤としての麻薬を常時使われる状態になると、意識も朦朧となり、混乱したりされます。痛みが少しおさまっているときには、ご自分の希望や悩みなどを、それとなく話してくださったりします。

Yさんは、あと半年の命と言われていました。ある日、「天ぷらが食べたい」と希望されました。わたしは、若い職員と、かつて彼女の行きつけだった天ぷら屋さんに行きました。心配することもなく、その日は食欲があり、付き添ったわたしたちと同じメニューを美味しそうに平らげられました。

それから2ケ月。次第に衰弱が目立ち、食事もとれなくなってきました。「食べたいものは?」と聞くと「アイスクリーム」だと。わたしがハーゲンダッツを持参しますと、最初の日はとても喜んで数口食べられましたが、次に伺った時には、それも口に運べなくなっていました。

激しい痛みがなくなったのか、それとも、痛みが感じられなくなったのかわかりませんが、訴えられることもなく、やがて深い昏睡状態となり、静かに人生の幕を下ろされました。

あの日、天ぷらを食べに行ったこと、アイスクリームを喜んで口に運んでくださったこと、「時々顔を見に来てほしい」と駄々っ子のように言われたあの表情、いまも心に刻まれています。

どのような状態であっても、人は命ある限り、希望を聞いてもらえることや、自分のことを思っていてくれる人がいると信じられることが、なにより心を安らげるのだと思います。

Yさんはいま、あの激しい痛みから解放され、あれから10年余り、黄泉の国の果てしない旅を、ゆっくり楽しんでおられるのだと思い、安堵しています。

自宅でポックリ死んでいくのも悪くない

あなたは人生の最期をどこで迎えたいですか。

「最期をどこで迎えたいか」という質問に対し、１３２人が自分の家と答え、45人が病院、10人が施設と答えておられました。

それに対し、「治る見込みのない状態になったとき、自宅で最期まで療養できると思いますか？」という質問がありました。

実現可能と答えた人は１９４人中76人、実現困難と答えた人が１０８人でした。希望と現実の間には、かなり差があるように思われました。理由の多くは、家族に負担をかけたくないということでした。

これは山城南部医師会の医師が中心になって、「きづがわねっと」という活動で「在宅での看取りを考える」というアンケートを実施し、患者様の立場、家族の立場、医療・介護者の立場から聞きだして、その結果を報告されたものです。

介護保険前と比べると家族のあり方が変わり、子供たちと離れて暮らしている人も多く、このような答えが多いのだろうと思います。

また、育児や教育のあり方も変わって、昔のように祖父母の膝を借りて成長する子供も少なくなり、老いる人と次世代の間は想像以上に隔たっています。

介護サービスのあり方もサービスの使い方も、このように、時の流れと社会の仕組みの変化に従い、少しずつ変わってきたように思います。

とくに印象的なのは、できれば自宅でポックリ死んでいきたい、という回答です。これではあまりにも寂しいように思いますが、わたしはチョッピリ憧れてもいるのです。そして、そう悪い死に方ではないと考えるようになりました。ただ、早くその状態を誰かに知らせないと、近所迷惑になることもあり考えなければなりません。

将来ますますひとり暮らしの高齢者が多くなると考えられます。その場合、死に際に必要以上に気を遣わなくていいように、カメラ監視ができるようにしていただければ、毎日一定の時間に監視装置を覗き、安否確認ができます。

最後はおそらくせん妄状態になり、認知機能が正常ではなくなるでしょう。孤独であっても、寂しさも悲しさも感じないように思います。のんびりと、逝く道を楽しみたいような気がします。

最近エンディングノートについて、人々の関心が高まっています。できれば元気なうちにご家族とよく話し合っていただき、本人の希望に少しでも近い形で、その時が迎えられたらと思います。

但しカメラ監視が好ましいと考えてはいません。なぜならば、死にゆく人をケアすることにより、ケアをしたその人の心の成長、人間としての成長があると信じるからです。カメラで視ることは人の成長を奪ってしまいます。

美しく老い旅立って逝く妻を見送る

美しい静江さんは、十数年も心を病んだ人とは思えないほど艶やかで、穏やかな人となりを感じさせます。ご主人はまるで我が子を愛しむように、大切に寄り添ってこられました。

「美しい方ですね」と言うと、「このわたしが惚れた女ですから」と、ご主人はこのときばかりは、明るく、少し照れながら答えてくださいます。

平成17年頃から認知症カフェで時々お二人をお見かけし、その後、小規模多機能居宅介護を利用されることになりました。以来、事業所の管理者からそれとなく様子を聞いてきましたが、コロナ禍の中、カフェの活動が頓挫し、お会いする機会も遠のいていました。

ようやく、オンラインでのカフェが開かれるようになり、あるとき、認知症の在宅介護についてお話をする機会がありました。

しばらくぶりに静江さんの様子を伺うと、最近は食事の飲み込みも難しい日があるとのこと。また、ベッドからの移乗もかなり体力が必要になり、声かけに対する反応もほとんどない状態とのことです。

ご主人は、「自分が倒れるまで、自宅で介護していきたい。そのように思っていままで頑張ってきたが、80歳になり、時々このままいけるかどうか、体力的に不安を感じるようになった。アドバイスがほしい」とのこと。大きな岐路でのご相談でした。

「元気なうちであれば、いつでも面会できるし、納得のいくかかわりができると思います。倒れてからでは心配だとしても、面会にも行けなくなります」。そのように話しました。

その後、間もなく施設入所に踏み切られました。入所後間もなく、医師から胃瘻の選択もいまなら体力的に考えられると話があり、ご主人は、ここでもまたその判断に悩まれ、アドバイスを求めてこられました。

静江さんがそう希望されていたのであれば、そうされてもいいと思います。しかし、いくら優しくかかわっても、胃瘻による栄養補給は機械的になり、作業になってしまいます。ご本人は意識しないまま栄養が体に注入されるのです。

わたしは、「介護職として、言葉の出ない人にも声をかけて一口でも味わっていただきたい、そういう気持ちで食事のケアをさせていただいています」と答えました。ご主人は、納得されたようで「最後まで頑張りたい」と、胃瘻を諦められました。

この判断によって、静江さんの命は、経口的に食べられるかどうかによって左右されることになりました。ご主人はそれを受け入れられましたが、わたしとしては、そうは言ったものの、静江さんの人生、つまり命の長短がこの判断によって左右される場合もあると考え、果たしてこの答えで良かったのかしらと、その夜は悶々と考え込みました。

医師は、人の生き方についても、医術者としての可能性を考えることができるのかもしれません。**しかし介護職は、どのような人でも一人一人を愛し、その人生が可能な限り自然で、美しく、老い、旅立っていかれるように、人間として精一杯心を尽くす職業ではないか。**

そのように自分に言い聞かせ、それを介護職の誇りにして、これからも仕事を続けていきたいと思うようにしています。

コラム

「小規模多機能型居宅介護事業」自分らしい最期を、その生き方に答えられた介護事業

小規模多機能型居宅介護事業は、高齢者が在宅を続けられるように、サービス内容が整っています。介護度によって、御利用料は月々定額制になっています。

デイサービスやショートステイとの違いは、サービスの中にデイサービスと、泊まり、訪問介護がセットされていて、たとえば、週3回デイサービスを利用し、土曜と日曜は泊まりを利用、その他の日はヘルパーが在宅を訪問して、安否を確認したり、食事をはじめ身の回りの世話が受けられることです。

また、この訪問は1日1回に限らず、必要に応じて複数回も可能です。ただし、この事業の介護料は、認定された介護度によって決められていますので、介護度の低い、介護度1・2・3の場合は、すべてこの形で、ということはできません。利用の回数や時間が制限されます。

また、この事業の嬉しいところは、すべてのサービスに、同じ事業所の職員が対応することです。

たとえば、デイサービスとヘルパーのサービスを受けたい場合、デイサービスのスタッフと、ヘルパーの所属する事業所は別であり、職員もそれぞれの事業所に所属しています。しかし、この小規模多機能型居宅介護事業は、同じ事業所の職員が、デイサービス、泊まり、訪問介護のすべてに対応します。

従って、情報が共有されているため、介護を受ける立場からは、その都度個人情報を説明する必要がなく、また泊まりを利用する場合、デイサービスで馴染んだ職員が、泊まりの介護も担当したりします。訪問介護もその事業所の職員ですから、心強く安心できます。

数年前、どうしても特別養護老人ホームへの入所も、入院も納得されない、末期がんを病むFさんという方がおられました。普段から人とかかわることを避け、長らくひとりで暮らしておられました。病状が悪化し入院を勧めても拒否され、泊まりと訪問介護で対応していました。遠い親戚はありましたが、絶縁に等しい状態でした。最後の数日は訪問介護の回数を増やし、かかりつけ医の往診や訪問看護と連携し、希望通り住み慣れた自分の家で最期を迎えられました。

このFさんのように、人には明かせない理由があったり、誰の世話にもなりたくないという人もいます。積極的な医療に期待できる場合を除き、それぞれの希望に寄り添うこともわたしたちの務めであろうと思います。

Fさんの場合、平成17年から始まったこの小規模多機能型居宅介護事業がスタートしたことで、彼女の念願だった最期の在り様に不十分ながら寄り添うことができました。

それぞれの人生、それぞれの生き方に寄り添いたい。そう思う介護職は少なくありません。

長寿社会は、家族関係も疎遠になりがちです。Fさんに限らず、それぞれに自分らしい人生の終わり方を望んでいます。孤独であっても、制度を利用しながら少しでも豊かな最期の時に寄り添えるように、選択肢を広げてほしいと思います。

第六章

93歳を生き抜いてきた

命はどこにあるのか
限りある命を懸命に生きる

命はどこにあると思いますか。

この問いは、105歳まで生涯現役を通された日野原重明医師からいただいた質問です。先生はあるとき、小学生にこの質問をされたそうです。すると子供たちは、心臓にある、体の中にある、頭にあるなど、それぞれ考えて答えたそうです。

その話に加えてのわたしへの質問でした。わたしは、「わたしと一緒にあるこの宇宙にある」と答えました。生きているという実感は、日々感謝とともに感じているのですが、命はどこに、となると、とっさにこのような答えしか出てこなかったのです。

日野原先生はそのとき、「子供の答えも、あなたの答えも、間違いではないが、わたしはね、命は自分が生きているこの時間の中にあると考えています」と説明されました。

言葉は少し違いますが、わたしの考えも、そう大きく間違ってはいなかったように思ったのを記憶しています。

さて、その命について、いま元気で活動している人は、命に限りがあるなんてあまり考えることはありません。人はたとえば、治らない大変な病気だと診断されたり、あるいは親しかった友人が亡くなったときにも、大きな事故にあって困っているというときも、言葉の上で同情したり理解したりしてはいますが、自分にはあり得ないこととして、切り離して考えています。たとえば、死についてもそうです。いよいよ状態が悪くなってなにもかも他人のお世話にならなくなってから初めて、死が近づいていることを自分事として考えるようになります。

社会人として健康で活躍する間は、自分の死の時期を考えたりする人はいませんし、このように切羽詰まった一大事でも、常に遥か向こうにあり、自分事ではないのが人間の心情です。

命には限りがあります。どんなに立派な人生を生きてきた人であっても、償いきれない人生を悔いている人であっても、同じように自分では予測できない、限りある命に向き合っています。

わたしは今日という日は、戻らない、そして明日は今日の続きではなく、新しい明日であると考えています。朝起きて新しい日を迎えた、その喜びは誰よりも強く感じています。

この頃、夜ベッドに入って脈を診ると不整脈があり、空気が足りないような気がすることがあります。そんなとき、胸を拡げて、大きく深呼吸を繰り返して休みます。93歳になっているのですから、不整脈ぐらいで慌てることはない、そろそろわたしの体も限界に近付いている、そう自覚しています。怪我や事故の場合は別ですが、加齢による身体機能の低下であれば、自然のまま、西方へ旅立ってもいいと考えています。

命には限りがあります。高齢者でも70代80代であれば、まだ救急医療の意味もあるのでしょうが、90歳を過ぎては、よほどしっかりと健康で生きてきた人でなければ、そのまま自然に死を迎えたほうが、本人にしても、周囲の人たちのためにも、いいのではないかと思っています。わたし自身についてはそう思っています。

もちろん、それぞれの生き方や、家族間の繋がり、愛情の度合いもありますから一概には言えませんが、**わたし自身で言えば、この大切な時間を意味のない使い方ではなく、自分自身にも、周囲の人たちにも負担が少ないように、生きていたという証しだけを引き継いでもらって、与えられた時間を懸命に生き、その幕を閉じたいと考えています。**

雨の日ははだしで登校
長靴も買えなかった戦争時代

ケアハウスに入居されているMさんは、わたしと同じ故郷で、同じ時代に生まれ、同じように農家で育ってこられました。

職員の知人の紹介でケアハウスに入られ、かれこれ10年近くになります。小雨にも、寒さにも、暑さにも負けずに、毎日4000歩ほどの坂のある施設のまわりを1周して一日がはじまる生活。

戦時中は物がなく、長靴も大事に履かなければ、なかなか買うことができませんでしたと。「雨の日ははだしで登校したわなー」「上履きは草履だったでー」「ホンでも、誰も文句も言わなんだなー」「咎めたり、見下げたりする人もおんなら（いなかった）なんだなー」。Mさんとわたしは、立ち止まってときどきそんな話をして昔を懐かしんでいます。

思えば切ない話ですが、いまとなっては、宝物のように懐かしい思い出話。笑い合いながら、いまこうしてそばにいる喜びがあります。わたしが体調を壊して暫く休んで出てくると、「まあ、どうしなったたん、心配しとったんだでー。良かった、嬉しいでー、顔が見えて。気いつけておくれーよ」。田舎の言葉で励まされ、「おおきに。足が悪いでー、ようこけるんだわ。気いつけてと思っていても、つい急いだりして。年だなア、もうそろそろかなー」なんて話し合えることも、癒しになり、エネルギーになります。

このように、出会うはずのない場所で、偶然にも同じ時代を知る人と出会えることは、格別の思いがあります。こうした出会いを繰り返しながら、ホスピタリティーがいつしか自分の使命のように身についてしまいました。

Mさんの場合は同郷ということもありますが、いまの高齢期の人たちには、誰かれなく共通した時代の物語があります。出会う人それぞれになにか共通した思いや時代を感じます。

それは、戦争によって失ったり、引き裂かれたり、傷ついたりしながら、明日を見つめて強く生きてきたからだと思います。なかには富を得た人もあると思いますが、貧困や不自由に耐えた日々の思いが、心に刻まれているからだと思います。

困難に立ち向かった時、わたしたちは、同胞だと教えられてきました。肉親でなくても、同じ日本人としてともに愛し助け合っていくこと。戦争に必ず勝つと言い聞かされ、貧困に耐えてきた子供の頃。心に刻み込んだ希望に満ちた未来。高齢者にとって、当時のその希望に満ちた未来への夢や希望が、いまではないかと考えています。

動けないからと目を閉じてケアを受けるだけでなく、少しでも明るく、笑い語らいながら、残された命を、時間を、大切に生きてほしい。そのように思いながら、わずかな間でも施設に足を運んでいます。

命の水を絶たせてはいけない

我が家は山のすぐそばにあり、山に横井戸を掘って水を引いていました。地下水ですから夏は冷たく、冬は比較的あたたかでした。わたしの幼い記憶の中では水源が絶えることはなく、同じ井戸を長年使っていました。家の土間の隅に大きな水がめが埋め込まれていて、絶え間なく水が溢れていました。炊事と風呂水は、すべてこの水を使っていました。

洗濯は、山から谷に落ちてくる流れが、家のそばにある池に流れ込み、溜め池のようになっていましたので、その水をバケツで汲んで、盥に運んで使いました。寒い冬は一斗缶の上に大きな鍋を置き、薪で湯を沸かして寒さを凌ぎました。洗濯する母親のそばで、石鹸の泡を手に取り遊びながら手伝いました。

谷水は田んぼや畑にも使われていました。田植えの頃になると、毎年雨乞いのささやかな祭りが行われていましたが、記憶にある限り、田んぼが干上がったということはなかったように思います。

このように、わたし自身、水に不自由をした記憶がなく、看護婦養成所に入って、舎監から水や電気を粗末に使わないようにと指導され、初めて、水道料という料金が必要だと知りました。考えてみれば恥ずかしい話です。

いま、ウクライナや、イスラエル、パレスチナなど、戦渦の中で暮らす多くの人たちは、飲み水もない状態で、不自由を余儀なくされているのです。毎日、炊事をしながら、お風呂につかりながら、渇いたのどを潤しながら、一つ間違えばわたしたちも同じ立場にと考えながら、いまに感謝しています。

平和であれば、水のありがたさを、これほど神妙に感じることはないと思います。改めて戦争や災害の悲惨さを報道を通して知らされ、心が痛みます。

生きるための命の水が、国や人間の権力と経済闘争のために枯渇しないように、水源が破壊され、その道が断たれないようにいのります。平和な時代に生きるいまを改めて喜び、感謝しながら、一日も早く戦争のない地球に戻ってほしいと思います。

「いつまでたっても26歳や」伝えておきたいあの戦争のこと

わたしの関係する小規模多機能型介護事業所の利用者Aさんは、スケッチがとてもお上手で、会話は少し不自由ですが、ご自分のその時々の思いや、感じたこと、見たことを、短い文章やスケッチで表現しながら、デイサービスのスケジュールの合間の時間を埋めておられました。スケッチのかたわらには必ずその瞬間の思いが加筆されていて、その時の気持ちをうかがい知ることができました。

戦後70年のこと、あの真珠湾攻撃から70年目、新聞やテレビで毎日のように戦争の生々しい様子や、戦時下の日本国内の様子、原子爆弾で焼けただれた広島や長崎、空襲によって焦土と化した東京や神戸の様子、戦争が終わったことも知らずに銃砲を避けて逃げ回った沖縄の人たちの話、日本の軍人の手で銃殺された傷病兵のこと、飢えのために死んでしまった仲間の枕元に残されていたひと切れのパンを、餓鬼のように貪ったという看護師たちの追想、あまりにも過酷で悲惨で誰にも話せなかったという胸中を、絞り出すようにして、インタビューで語った元少年兵の話。多くの人の心の中に、言葉にできないような深い傷を残して78年の時が過ぎていました。

テレビから放たれるさまざまな映像に刺激されて、閉ざされていた記憶を目覚めさせるのでしょうか。いま、時代の波に乗り切れない、馴染めない状態の日々を過ごしながら、やや遠くなった記憶をたどり、読み棄てられた広告の裏面いっぱいに、悲しみや怒りが描き出されるように思えてならなかったのです。

安保法が成立し、戦争を知らない人たちが、自分の意思を問われることもなく戦禍に巻き込まれてしまうのではないか、そんな不安を感じ、この文章を送ることにしました。

わたしは、戦時中は尋常高等小学校に通う少女でしたが、高等科2年の時に60人ほどのクラスから選ばれて勤労学徒として動員されました。選ばれたのはクラスから男子4人と女子はわたし一人でした。

動員は天皇陛下のお召しによると言われていました。わたしが動員されるのも同じようにお国のためだと言われました。いまでも不審に思うのは、どのような選択の仕方によるものだったのかです。わたしには、国のために命を投げ出すほどの気持ちはありませんでした。短い期間とはいえ、他の生徒たち同様に教室で勉学を続けることができないまま、戦後の混乱した社会に送り出されたことについて、悔しく不本意でなりませんでした。

わたしが学徒動員として働いていた頃、広島や長崎、沖縄では、同年齢の学徒たちが軍需工場に駆り出されたり、緊急事態に備えた看護補助師として短期訓練を受け、傷病者の看護に当たったたそうです。男子は少年兵として戦列に加わり、多くの若い命が失われました。

ほんの少し早く生まれていたら、わたしも同じ運命をたどっていたかもしれません。そう思うとき、今日まで生きてこられたことに感謝し、失われた多くの命に代わって、戦争が国民にもたらした多くの悲しみと苦痛を、そして戦後の日本が国際社会に通じるまでになった経緯と努力を正しく伝えなければと思いました。

Aさんがデイサービス利用中に描かれるスケッチは、1枚や2枚ではありません。遠ざかる記憶の奥に刻まれた鮮明な印象、その奥にある執拗なまでの怒りを受け止めなければと思いました。

先日、「戦争を知らない子供たちへ」というタイトルのドキュメンタリー番組が放映されていました。沖縄の元少年兵の話でした。

わたしは同じ年代を生きた人間として、戦時下のあの絶対的な権力に恐怖を感じます。さいころを投げて決めるような出所の隠された命令に義憤を感じます。責任を持つ人がいない命令のために、わたしたちの友達は死んでいきました。

沖縄の元少年兵は、75年間誰にも話すことのできなかったその当時を語っておられました。重い扉が開かれたとはいえ、彼らが自分の胸に秘めてきた苦しみは、幼少期に見た沖縄の、あの澄みきった海の蒼さには戻らないのであろう……そう思うのです。

愛する夫や子供を失い、国を護った当時の父や母、妻や恋人も、いまその人生を次々に閉じています。

20年前、わたしが介護施設で出会った80歳の女性は言いました。「わての主人、いつまでたっても26歳や。遺族年金もらったって嬉しいもんか、あほらしー。お国のために死ぬほど安っぽい命か、アンポンタン」。彼女は、排泄の始末も思うようにできなくなった自分の体を、シルバーカーにもたれかけさせるようにして、施設の長い廊下を、何回も何回も口ずさみながら歩いていました。70年間の孤独な人生を誰かにぶつけたい。そんな思いが伝わってきました。

最近、学識のある反戦論者や有名人が次々に他界されました。わたしたちが納得して聞ける戦争の話は次第に聞く機会を失っています。

Aさんのスケッチに触発され、いま伝えなければ、そう思ってこの間の思いを綴ってみました。

沖縄を護ろう、そして絶対に戦争をしてはいけないんだと叫ぶ人たちに、わたしも一緒に戦っていますと伝えたいのです。

年とともに腹立たしくなり、いろいろ考えるものの、思うようには動けなくなりました。こんな気持ちを整理させていただきましたことをお許しください。

心に残る声、大切な人との最後のお別れ

「今日、父が亡くなりました」。

川合先生の息子さんから電話がありました。

5月、元訪問看護ステーションのメンバーに声をかけ、一緒にお見舞いに行ったとき、先生は突然大きな声で「エイコーラ」と、繰り返し歌ってくださいました。前年、コロナが少し落ち着いたからとわたしがひとりで訪問したときは、お元気だった頃のことを思い出されたのか、「我々は同志だったね」と真面目な眼差しで話しかけてくださいました。

今回はひとりではなく、訪問看護を始めた頃からの仲間4人でお訪ねしました。

おそらく一人一人のことはわからなかったかもしれませんが、なんとなくお元気だった頃の思い出が甦ってきたのかもしれません。

わたしはあえて「先生、わたしと先生は恋人同士でしたね」と言ってみました。すると愛妻家の先生は、目をパチクリさせながらきまり悪そうにされ、返事はいただけませんでした。しかし、記憶の向こうでそんなことがあったのかと探っておられるようでもあり、困っておられるようでもあり、はっきりしなくてもどかしげな様子でした。

物事がはっきりしない場合のもどかしさがわかるだけに、悪いことを言ってしまったと思いましたが、そのとき、考えたり思い出そうとされている姿から、診察室で患者様に向き合われていた頃の、温かく真剣な表情がうかがえてなんとなく安心しました。

恋人とは認めてもらえませんでしたが、わたしが大学受験で、いままで教わったことのない英語とドイツ語、数学の学習の仕方などで困っていたとき、参考書を紹介してもらい、息子さんの中学生の時の教科書を借りてきてくださって、問題の解き方を教えていただいた恩師でもあります。

また、高齢化が進み、入院でベッドの回転が悪く、救急医療が受けられないと、地域の人たちから苦情が来て悩んでいるとき、地域に目を向けて往診や訪問看護に目を向けるように後押ししてくださいました。病院の総婦長として、看護部門の持てる力を発信でき、病院運営に生かしていただく大きな支えでした。

先生は、雨の日に交通事故にあわれ、そのための障害がもとで不自由なお体となられ、生涯医者として働くとの意志を阻まれてしまわれました。最後まで、もう一度仕事に戻るという思いを胸に、リハビリに励んでこられました。

医療法人の発展のため、また地域医療の先駆者として、さらに内分泌の専門医としても研鑽され、目まぐるしい社会の変化の中で、医学はもとより地域医療の在り様を模索されてこられました。お忙しい中、まとめてこられた文献の多さに驚かされます。常に一歩先を照らしながら、導いていただいた師でありました。

宴会などの席で、大学時代に友人と一緒に歌われたのであろうロシア民謡や、「青い山脈」をいつも高らかに歌ってくださいました。久しぶりに訪問したわたしたちの賑やかさが、昔の思い出と重なったのかもしれません。力いっぱい歌ってくださった「エイコーラ」の歌声が、わたしたちへの最後のメッセージとなりました。

それぞれに病院を離れましたが、いつでもどこでも、誰もが必要な医療が受けられるように、という理念を忘れず、それぞれに頑張ります。どうか、最愛の奥様との睦まじい旅を心からお祈りしています。ありがとうございました。

どうか安らかに、いい旅を続けてくださいませ。感謝の気持ちを本書に留めさせていただきます。どうもありがとうございました。

年寄りはさみしい、孤独社会を生き抜くには

最近、看取りの勉強会や認知症カフェなどで人が集うと、お墓の話やお葬式などの話で盛り上がります。あまり考えたくないことではあっても、誰もがその必要性を自覚しているようです。

とくに今日のように、長寿社会になり少子化社会になると、忙しい若い人より高齢者が集う機会のほうが多くなってきます。60歳70歳では、まだ余裕がありますが、さすがに80歳を超えると、幼馴染や、中学・高校時代の友達も、一人二人と欠けていき、気が付くと、あの人もこの人も連絡がつかなかったり、すでに他界していると知らされます。

とくに団塊の世代からは、大学卒業とともに、親元を離れて職場のある土地でそれぞれの家庭を持つようになり、その子供たちにとっては、生まれ育った新しいその土地が故郷となります。

わたしも、たまに実家に帰ると、草木の生い茂った墓地を目にします。おそらく子供の数が少なくなり、今年のお盆も墓参りができなかったのでしょう。あるいは海外に移住されたのだろうかなどと思いながら、寂しさがこみ上げてきます。

年に1度か2度の里帰りのたび、耳にする誰彼の訃報。そういえば平成のはじめ、病気が治って退院される90歳の女性に、「おめでとうございます。お家に戻れて嬉しいですね」と挨拶すると、「いえね、家に帰ったって隣近所は若いお人ばかりです。家族はみんな働いていて、年寄りの相手などしてくれません。せっかくの機会でしたから、あちらからお迎えに来てもらえれば良かったんですが」と聞かされたものです。少なくとも昔はもう少し、老いて生きることに喜びがあったように思う、自分で動けなくなってまで生きていたってしかたがない、そんな思いに誘われます。

この世を去ったあとまで、子供や孫に負担をかけないように。留守になった隣の家の庭の草木が茂っていても、生け垣が崩れかけていても、他人のものには触らないように。それがいま風。

世知辛い世の中なんですね。

さてそうなると、永代供養をお願いできる近代的な公営墓地のほうが、眠り心地が良いかもしれません。そう思います。

「90代をテーマに歌詞をつくりました。
どなたかテンポのよい曲をつけてください。」
――――細井恵美子

働く90代 目指せ100歳健康長寿

細井恵美子 93歳　作詞

朝は6時に 飛び起きて
足腰チェック 爽やかだ
御飯と味噌汁 ハムエッグ
レタスもトマトも盛り付ける

今日の洋服 これがいい
動きやすさと快さ
気分ルンルン鏡見て
お顔のしわも伸ばします

シルバーシートは若い人
通学生や スマホ族
たまにはどうぞと席が空く
笑顔でどうも「ありがとう」

笑顔の職場におはようさん
10年まえの新入生
今は立派な介護職
今じゃ貴方が先生よ

共に歩んだ日々だった
泣いて笑って今がある
今夜の夢もあの頃に
机を囲んだ笑い顔
明るく学んだ顔と顔

あとがき

93年のこれまでを振り返って

わたし自身が生きてきた90年余を振り返ってみました。

この過ごした年月の世の中の変化ははやかった。

特に看護職になって物事が少しわかり始めてからの変化は目まぐるしいくらいはやく、世の中は自分が考えている以上に急速に変わっていくのだということに気づかされました。

たとえば、昨日まで走っていたバスが今日は走っていない、理由は車に乗る人が多くなったからということ。久しぶりに両親のもとに帰ろうと舞鶴から丹後山田までの切符を買い、列車に乗ると、今までの蒸気機関車が電車に変わっていました。

タクシーに乗ろうと思うと、タクシー会社は姿を消していた。周りの人に聞けば自家用車が増え、タクシーに乗る人が少なくなりタクシー会社が縮小されたという。

このように、戦後の地域社会は目まぐるしく変わりました。

最近では、去年出店した店が、いつの間にか看板を変え、新しく建て替えられている。今までなにがあったかしら、と聞いてみると、たいていの人が、「さーなんでしたかねー」と返事。隣近所も馴染みの街並みも言葉が独り歩きしています。

これからの社会がどうなっていくか考えていて、目にしたのが厚生白書の人口ピラミッド図でした。

ちょうどそのころ、ひとりの看護師が「一日働くと小便臭くなる、急性期の病院で働きたいから辞めたい」と言ってきました。確かに昭和42年、わたしが就任した当時と比べると高齢の患者様が増えています。高齢化社会の到来です。廊下の隅に小便をする人もいました。彼女の話に納得し、その後は、日本の人口構造に関心をもつようになりました。早くから訪問看護や、病院ボランティアの育成にも努め、高齢者が住み慣れた地域で住み続けるためには地域に高齢者の入居施設が必要になるからと、病院の近くに老人保健施設の建設を提案し、平成元年に開設しました。

急性期医療が本命の病院で高齢者施設の開設を提案することにはかなり抵抗がありました。高齢者問題は労せずしてやがてそうなるという甘い考えが一般的なのだ。周囲の医師も管理者も内心はそう思っていました。まだ早い、と反論されながら立ちあげた老人保健施設でしたが、予想通り高齢者介護の土台を固める上で大きく役立ったと思っています。

この様に、自分の立ち位置から、今後自分たちの仕事や役割がどのように変化していくかを考えながら仕事に向き合う。そんな習慣がいつしかわたしには身についていたように思います。

白衣を脱いで介護に軸足を置くようになったことも、そういう考えからであり、その先の看護や介護の在り方がどのように変化するかを見極めたいと思っていました。

いまわたしが93歳を迎えるにあたって、医療・看護においては多職種連携が大きな課題です。どんどん専門分化が進む中、医師や看護師でない補助的な人材が求められるようになるのでしょう。また介護福祉士という職種も、当初は専門職として社会的な評価を得るものと思っていましたが、他職の高学歴化と、地味な仕事ゆえに、まばゆい程に素晴らしい仕事でありながら、誰でもできる仕事のような評価を受けています。

これから介護を受ける立場ですが、介護の現場で見る眩いような光景を、より多くのみなさんにお伝えし、より質の高い介護職が育つ社会になるように、話し続けていきたいと思っています。

他の皆さんより長く、病気や老いと向き合ってきたのですから、世の中の為に介護の仕事は素晴らしい仕事なんですよ、としっかり承認してもらえるようにして、自分の人生を終わりたい、そうおもっています。

個人として、自分の人生を振り返れば、本当に貧しい田舎育ちのわたしが、多くの人に受け入れていただき、支えていただけたという喜びと感謝で一杯です。

変化の大きい時代でしたが、皆様のご理解とご協力で、その都度上手く乗り超えてきました。多くの人の知識や協力そしてなにより暖かい友情に感謝いたします。

今日まで、折々に書き留めたこと、また思い出したことなどを、ひっぱりだしてきて、興陽館の本田道生様にまとめていただきました。

根無し草の様なひとりの田舎娘の一生にも、振り返れば、希望に満ちた日があり、努力すれば、厳しくもまた明るい人生があるのだということを読み取っていただき、共感していただけたら嬉しく思います。

93歳《さい》でわかったこと

ひとり暮《ぐ》らしで元気《げんき》に生《い》き抜《ぬ》くための本《ほん》

2024年4月15日　初版第1刷発行

著　者　細井恵美子《ほそいえみこ》

発行者　笹田大治
発行所　株式会社興陽館
〒113-0024　東京都文京区西片1-17-8　KSビル
TEL 03-5840-7820　FAX 03-5840-7954
URL https://www.koyokan.co.jp

装　丁　長坂勇司（nagasaka design）
カバーイラスト　風間勇人
校　正　新名哲明
編集補助　飯島和歌子
編集人　本田道生

印　刷　惠友印刷株式会社
D T P　有限会社天龍社
製　本　ナショナル製本協同組合

ISBN978-4-87723-323-5 C0095